民国中国文化史要籍汇刊（影印本）

近代稀见旧版文献再造丛书

侯杰 主编

第十卷

姚名达 朱鸿禧 中国文化小史

范子田 中国文化小史

常乃悳 中国文化小史

南開大學出版社

图书在版编目(CIP)数据

民国中国文化史要籍汇刊. 第十卷 / 侯杰主编. —影印本. —天津 ：南开大学出版社，2019.1
(近代稀见旧版文献再造丛书)
ISBN 978-7-310-05710-8

Ⅰ. ①民… Ⅱ. ①侯… Ⅲ. ①文化史－文献－汇编－中国 Ⅳ. ①K203

中国版本图书馆 CIP 数据核字(2018)第 278072 号

南开大学出版社出版发行
出版人:刘运峰
地址:天津市南开区卫津路 94 号　　邮政编码:300071
营销部电话:(022)23508339　23500755
营销部传真:(022)23508542　　邮购部电话:(022)23502200
*
北京隆晖伟业彩色印刷有限公司
全国各地新华书店经销
*
2019 年 1 月第 1 版　　2019 年 1 月第 1 次印刷
148×210 毫米　32 开本　11.25 印张　4 插页　324 千字
定价:140.00 元

如遇图书印装质量问题,请与本社营销部联系调换,电话:(022)23507125

出版说明

一、本书收录民国时期出版的中国文化史著述，包括通史性文化著述、断代史性文化著述和专题性文化史著述三大类；民国时期出版的非史书体裁的文化类著述，如文化学范畴类著述等，不予收录；同一著述如有几个版本，原则上选用初始版本。

二、个别民国时期编就但未正式出版过的书稿如吕思勉的《中国文化史六讲》和民国时期曾以文章形式公开发表但未刊印过单行本的著述如梁启超的《中国文化史·社会组织篇》，考虑到它们在文化史上的重要学术影响和文化史研究中的重要文献参考价值，特突破标准予以收录。

三、本书按体裁及内容类别分卷，全书共分二十卷二十四册；每卷卷首附有所收录著述的内容提要。

四、由于历史局限性等因，有些著述中难免会有一些具有时代烙印、现在看来明显不合时宜的内容，如『回回』『满清』『喇嘛』等称谓及其他一些提法，但因本书是影印出版，所以对此类内容基本未做处理，特此说明。

南开大学出版社
二〇一八年十一月

总序

侯 杰

中国文化，是世代中国人的集体创造，凝聚了难以计数的华夏子孙的心血和汗水，不论是和平时期的锲而不舍、孜孜以求，还是危难之际的攻坚克难、砥砺前行，都留下了历史的印痕，闪耀着时代的光芒。其中，既有精英们的思索与创造，也有普通人的聪明智慧与发奋努力；既有中华各民族儿女的发明创造，也有对异域他邦物质、精神文明的吸收、改造。中国文化，是人类文明的一座巨大宝库，发源于东方，却早已光被四表，传播到世界的很多国家和地区。

如何认识中国文化，是横亘在人们面前的一道永恒的难题。虽然，我们每一个人都不可避免地受到文化的熏陶，但是对中国文化的态度却迥然有别。大多离不开对现实挑战所做出的应对，或恪守传统，维护和捍卫自身的文化权利、社会地位，或从中国文化中汲取养料，取其精华，并结合不同历史时期的文化冲击与碰撞，进行综合创造，或将中国文化笼而统之地视为糟粕，当作阻碍中国迈向现代社会的羁绊，欲除之而后快。这样的思索和抉择，必然反映在人们对中国文化的观念和行为上。

中国文化史研究的崛起和发展是二十世纪中国史学的重要一脉，是传统史学革命的一部分——传统史学在西方文化的冲击下，偏离了故道，即从以帝王为中心的旧史学转向以民族文化为中心的新史学，又和中国的现代化进程有着天然的联系。二十世纪初，中国在经受了一系列内乱外患后，千疮百孔，国力衰微；与此同时，西方的思想文化如潮水般涌入国内，于是有些人开始对中国传统文化产生怀疑，甚至持否定态度，全盘西化论思潮的出笼，更是把这种思想推向极致。民族自信力的丧失既是严峻的社会现实，又是亟待解决的问题。而第一次世界大战的惨剧充分暴露出西方社会的弊端，其文化取向亦遭到人们的怀疑。人们认识到要解决中国文化的出路问题就必须了解中国文化的历史和现状。很多学者也正是抱着这一目的去从事文化史研究的。

在中国文化史书写与研究的初始阶段，梁启超是一位开拓性的人物。早在一九〇二年，他就深刻地指出：『中国数千年，唯有政治史，而其他一无所闻。』为改变这种状况，他进而提出：『历史者，叙述人群进化之现象也。』而所谓『人群进化之现象』，其实质是文化演进以及在这一过程中所进发出来的缤纷事象。以黄宗羲『创为学史之格』为楷模，梁启超呼吁：『中国文学史可作也，中国种族史可作也，中国财富史可作也，中国宗教史可作也。诸如此类，其数何限?』从而把人们的目光引向中国文化史的写作与研究。一九二一年他受聘于南开大学，讲授『中国文化史』，印有讲义《中国文化史稿》，后经过修改，于一九二二年在商务印书馆以《中国文化史稿第一编——中国历史研究法》之名出版。截至目前，中国学术界将该书视为最早的具有史学概论性质的著作，却忽略了这是梁启超对中国文化历史书写与研究的整体思考和潜心探索之举，充满对新史学的拥抱与呼唤。

与此同时，梁启超还有一个更为详细的关于中国文化史研究与写作的计划，并拟定了具体的撰写目录。梁启超的这一构想，部分体现于一九二五年讲演的《中国文化史·社会组织篇》中。在这个关于中国文化史的构想中，梁启超探索了中国原始文化以及传统社会的婚姻、姓氏、乡俗、都市、家族和宗法、阶级和阶层等诸多议题。虽然梁启超终未撰成多卷本的《中国文化史》（其生前，只有《中国文化史·社会组织篇》等少数篇目问世），但其气魄、眼光及其所设计的中国文化史的书写与研究的构架令人钦佩。因此，鉴于其对文化史的写作影响深远，亦将此篇章编入本丛书。

此后一段时期，伴随中西文化论战的展开，大量的西方和中国文化史著作相继被翻译、介绍给中国读者。桑戴克的《世界文化史》和高桑驹吉的《中国文化史》广被译介，影响颇大。国内一些学者亦仿效其体例，参酌其史观，开始自行编撰中国文化史著作。一九二一年梁漱溟出版了《东西文化及其哲学》，这是近代国人第一部研究文化史的专著。尔后，中国文化史研究进入了一个短暂而兴旺的时期，一大批中国文化史研究论著相继出版。在二十世纪二三十年代，有关中国文化史的宏观研究的著作不可谓少，如杨东莼的《本国文化史大纲》、陈国强的《物观中国文化史》、柳诒徵的《中国文化史》、陈登原的《中国文化史》、王德华的《中国文化史略》等。在这些著作中，柳诒徵所著《中国文化史》被称为『中国文化史的开山之作』，而杨东莼所撰写的《本国文化史大纲》则是第一本试图用唯物主义研究中国文化史的著作。与此同时，对某一历史时期的文化研究也取得很大进展。如孟世杰的《先秦文化史》、陈安仁的《中国上古中古文化史》和《中国近世文化史》等。在宏观研究的同时，微观研究也逐渐引起学人们的注意。其中，中西文化交流史研究成绩斐然，如郑寿麟的《中西文化之关系》、张星烺的《欧化东渐史》等。一九三六至一九三七年，商务印书馆出版了由王云五等主编的《中国文化史丛书》，共有五十余种，体例相当庞大，内容几乎囊括了中国文化史的大部分内容。

此外，国民政府在三十年代初期出于政治需要，成立了『中国文化建设会』，大搞『文化建设运动』，致力于『中国的本位文化建设』。一九三五年十月，陶希盛等十位教授发表了《中国本位文化建设宣言》，提出『国家政治经济建设既已开始，文化建设亦当着手，而且更重要』。因而主张从中国的固有文化即传统伦理道德出发建设中国文化。这也勾起了一些学者研究中国文化史的兴趣。

同时，这一时期又恰逢二十世纪中国新式教育发生、发展并取得重要成果之时，也促进了『中国文化史』课程的开设和教材的编写。清末新政时期，废除科举，大兴学校。许多文明史、文化史的著作因非常适合作为西洋史和中国史的教科书，遂对历史著作的编纂产生很大的影响。在教科书撰写方面，多部中国史的教材，无论是否以『中国文化史』命名，实际上都采用了文化史的体例。而这部分著作也占了民国时期中国文化史著作的一大部分。如吕思勉的《中国文化史二十讲》（现仅存六讲）、王德华的《中国文化史略》、丁留余的《中国文化史问答》、李建文的《中国文化史讲话》、范子田的《中国文化小史》等。

二十世纪的二三十年代实可谓中国学术发展的黄金时期，这一时期的文化史研究成就是有目共睹的，不少成果迄今仍有一定的参考价值。此后，从抗日战争到解放战争十余年间，中国文化史的书写和研究遇到了困难，陷入了停顿，有些作者还付出了生命的代价。但尽管如此，仍有一些文化史论著问世。此时，综合性的文化史研究著作主要有缪凤林的《中国民族之文化》、陈安仁的《中国文化史》、王治心的《中国文化史类编》、陈竺同的《中国文化史略》和钱穆的《中国文化史导论》等。其中，钱穆撰写的《中国文化史导论》和陈竺同撰写的《中国文化史略》两部著作影响较为深远。钱穆的《中国文化史导论》，完成于抗日战争时期。该书是继《国史大纲》后，他撰写的第一部系统讨论中国文化史的著作，专就中国通史中有关文化史一端作的导论。因此，钱穆建议读者『此书当与《国史大纲》合读，庶易获得写作之大意所在』。不仅如此，钱穆还提醒读者该书虽然主要是在专论中国，实则亦兼论及中西文化异同问题。数十年来，『余对中西文化问题之商榷讨论屡有著作，而大体论点并无越出本书所提主要纲宗之外』。故而，『读此书，实有与著者此下所著有关商讨中西文化问题各书比较合读之必要，幸读者勿加忽略』。陈竺同的《中国文化史略》一书则是用生产工具的变迁来说明文化的进程。他在该书中明确指出：『文化过程是实际生活的各部门的过程』，『社会生产，包含着生产力与生产关系。这本小册子是着重于文化的过程。至于生产关系，就政教说，乃是权力生活，属于精神文化，而为生产力所决定』。除了上述综合性著作外，这一时期还有罗香林的《唐代文化史研究》、朱谦之的《中国思想对于欧洲文化之影响》等专门性著作影响较为深远。

不论是通史类论述中国文化的著作，还是以断代史、专题史的形态阐释中国文化，都包含着撰写者对中国文化的情怀，也与其人生经历密不可分。柳诒徵撰写的《中国文化史》也是先在学校教习之用，后在出版社刊行。鉴于民国时期刊行的同类著作，有的较为简略，有的只可供学者参考，不便于学年学程之讲习，所以他发挥后发优势，出版了这部比较丰约适当之学校用书。更令人难忘的是，柳诒徵不仅研究中国文化史，更有倡行中国文化的意见和主张。他在《弁言》中提出：『吾尝妄谓今之大学宜独立史学院，使学者了然于史之封域非文学、非科学，且创为斯院者，宜莫吾国若。三二纪前，吾史之丰且函有亚洲各国史实，固俨有世界史之性。丽、鲜、越、倭所有国史，皆师吾法。夫以数千年丰备之史为之干，益以近世各国新兴之学拓其封，则独立史学院之自吾倡，不患其异于他国也。』如今，他的这一文化设想，在南开大学等国内高校已经变成现实。正是由于有这样的文化观念，所以他才自我赋权，主动承担起治中国文化史者之责任：『继往开来……择精语详，以诏来学，以贡世界。』

杨东莼基于『文化就是生活。文化史乃是叙述人类生活各方面的活动之记录』的认知，打破朝代观念，将各时代和作者认为有关而又影响现代生活的重要事实加以叙述，并且力求阐明这些事实前后相因的关键，希望读者对中国文化史有一个明确的印象，而不会模糊。不仅如此，他在叙述中，尽力坚持客观的立场，用经济的解释，以阐明一事实之前因后果与利弊得失，以及诸事实间之前后相因的关联。这也是作者对『秉笔直书』『夹叙夹议』等历史叙事方法反思之后的选择。

至于其他人的著述，虽然关注的核心议题基本相同，但在再现中国文化的时候却各有侧重，对中国文化的评价也褒贬不一，存在差异。这与撰写者对中国文化的认知，及其史德、史识、史才有关，更与其学术乃至政治立场、占有的史料、预设读者有关。其中，既有学者之间的对话，也有学者与读者的倾心交流，还有对大学生、中学生、小学生的知识普及与启蒙，对中外读者的文化传播，及其跨文化的思考。他山之石，可以攻玉。二十世纪二十年代日本学者高桑驹吉的著述以世界的眼光，叙述中国文化的历史，让译者感到：数千年中，我过去的祖先曾无一息与世界相隔离，处处血脉流转，气息贯通。如此叙述历史，足以养成国民的一种世界的气度。三十年代，中国学者陈登原不仅将中国文化与世界联系起来，而且还注意到海洋所带来的变化，以及妇女地位的变化等今天看来都亟待解决的重要议题。实际上，早在二十世纪二十年代，就有一些关怀中国文化命运的学者对十九世纪末到二十世纪初通行课本大都脱胎于日本人撰写的《东洋史要》一书等情形提出批评：以外人目光编述中国史事，精神已非，有何价值？而陈旧固陋，雷同抄袭之出品，竟占势力于中等教育界，垂二十年，亦可怜矣。乃者，学制更新，旧有教本更不适用。为改变这种状况，顾康伯广泛搜集文化史料，因宜分配，撰成《中国文化史》，脉络分明，宗旨显豁，不徒国史常识可由此习得，即史学门径，亦由此窥见。较之旧课本，不可以道里计，故而受到学子们的欢迎。此外，中国文化的海外传播、中国对世界文化的吸收以及中西文化关系等问题，也是民国时期中国文化史撰写者关注的焦点议题。

围绕中国文化史编纂而引发的有关中国文化的来源、内涵、特点、价值和贡献等方面的深入思考，耐人寻味，发人深思。孙德孚更将翻译美国人盖乐撰写的《中国文化辑要》的收入全部捐献给因日本侵华而处于流亡之中的安徽的难胞，令人感佩。

实际上，民国时期撰写出版的中国文化史著作远不止这些，出于各种各样的原因，没有收入本丛书，也是非常遗憾的事情。至于已经收入本丛书的各位作者对中国文化的定义、解析及其编写体例、使用的史料、提出的观点、得出的结论，我们并不完全认同。但是作为一种文化产品值得批判地吸收，作为一种历史的文本需要珍藏，并供广大专家学者，特别是珍视中国文化的读者共享。

感谢南开大学出版社的刘运峰、莫建来、李力夫诸君的盛情邀请，让我们徜徉于卷帙浩繁的民国时期中国文化史的各种论著，重新思考中国文化的历史命运；在回望百余年前民国建立之后越演越烈的文化批判之时，重新审视四十年前改革开放之后掀起的文化反思，坚定新时代屹立于世界民族之林的文化自信。

感谢与我共同工作、挑选图书、撰写和修改提要，并从中国文化中得到生命成长的区志坚、李净昉、马晓驰、王杰升等香港、天津的中青年学者和志愿者。李力夫全程参与了很多具体工作，表现出一位年轻编辑的敬业精神、专业能力和业务水平，从不分分内分外，让我们十分感动。

总目

第八卷　王德华　中国文化史略
陈竺同　中国文化史略

第九卷　李继煌译　中国文化史

第十卷　姚名达　朱鸿禧　中国文化小史
范子田　中国文化小史
常乃悳　中国文化小史

第十一卷　李建文　中国文化史讲话
靳仲鱼　中国文化史要
孙德孚译　中国文化辑要

第十二卷　王云五　编纂中国文化史之研究
陈安仁　中国文化建设问题
陈安仁　中国文化演进史观

第二十卷

张星烺　欧化东渐史

郑寿麟　中西文化之关系

梁启超　中国文化史·社会组织篇

吕思勉　中国文化史六讲

姚名达　朱鸿禧《中国文化小史》

姚名达（1905—1942），字达人，号显微，江西兴国县人，中国史学家、目录学家，史理学创始人。一生著述宏富，著《目录学》《邵念鲁年谱》《程伊川年谱》等书十六部。抗战期间任中正大学教授，组织师生成立战地服务团，亲赴前线。一九四二年在新干县与日寇搏斗中英勇牺牲，是抗战时期第一个勇赴国难、壮烈殉国的教授。

姚名达和朱鸿禧合撰的《中国文化小史》共一册，一九三五年由上海商务印书馆出版，是王云五、徐应昶主编的《小学生文库》中历史类第一集。全书共有十九章。第一章为绪论，论述文化和文化史含义的同时，阐明该书以叙述人类生活（经济生活、政治生活、智慧生活等）为主。从第二至十九章则用分科文化史的方法，以文化起源、民族、人民生活、衣服居住、农业、土地制度、赋税制、商业、工业、政治制度、教育、宗教、儒道墨、宋明理学、艺术文学绘画、科学建筑气象历法医学等为专题展开论述。文笔简练生动、通俗易懂，封面、内页附有插图，如商周古器图、周鼎、朱熹像等，适于读者阅读。

范子田《中国文化小史》

范子田所著《中国文化小史》共一册，一九三九年由上海珠林书店出版，发行者杨克斋。全书分『制度』『学术』『社会』三章，无序跋，书中附有『历代古物图』，收商鼎、周圭、秦釜、汉瓦瓶、晋尺、唐绿瓷童像、宋银插瓶、元铜罐、清乾隆瓷瓶等。该书的特点是在编纂体例上受社会科学观念的影响特大，如：『制度』细分为地方制、官制、军备制、刑法制、货币制、赋税制、学制和考选制；『学术』细分为文字学、哲学、经学、史地学、文学、科学和美术；『社会』细分为生产和经济、风俗和宗教、交通和移民。

常乃惪《中国文化小史》

常乃惪（1898—1947），字燕生，山西榆次人。早年参加新文化运动和『五四』运动。历任燕京大学、山西大学教授，主办《山西周报》、《国论》月刊、《青年阵线》等杂志。曾任中国青年党中央执行委员、宣传部长，国民党行政院委员。著作有《生物史观与社会》《社会科学通论》《生物史观研究》《历史哲学论丛》等。

常乃悳《中国文化小史》共一册，一九二八年由上海中华书局印行，是继顾康伯《中国文化史》后第二部重要的中学文化史教材。全书按朝代的更替来划分章节，共十五章，书前有序。全书最先采用社会科学观念研究文化史，如论述了文化史研究的对象、范围和思想方法。作者提出了『生物史观』，认为中国的根本问题在于仍然滞留在民族社会阶段，不曾进步，被生理和心理都已成为近代国家的国族社会所征服，对『中国上古文化之多元说』『商朝与古代东方民族的关系』『封建制度与驻防制度之比较』等问题也提出了独到的见解。

小學生文庫

第一集

（歷史類）

中國文化小史

姚名達　朱鴻禧著

商務印書館發行

小學生文庫

第一集

(歷史類)

姚名達
朱鴻禧 著

中國文化小史

商務印書館發行

編輯人

王雲五 主編
徐應昶 主編
周建人
宗亮寰
沈百英
沈秉廉
黄紹緒
蘇繼廎
趙景源
殷佩斯

中國文化小史

目次

中國文化小史

第一章 緒論

一 什麼是文化

文化是什麼?簡單的回答一句,文化就是人類創造出來的生活情況。凡表現人類生活的事和物,都可以叫做文化。文化便是極普遍而通常的東西,並不是崇高而特殊的東西。普通一般人都認爲文化只是指學術思想而說的,這實不能包括「文化」兩字的意義。因爲學術思想固然是屬於文化領域以內的東西,但單單是學術思想不能概括人類全部生活,所以只說學術思想是文化,學術思想以外的東西就不是文化,這是錯的。

文化是隨生產方式而變動的,只要生產方式一有變動,文化也就隨着變動。

文化雖有精神文化和物質文化的分別，但嚴格而論，是分不開的。通常把衣、食、住、行等物質生活，叫做物質文化。法律、政治、宗教、藝術、哲學等精神生活，叫做精神文化。

二　什麼是文化史

什麼是文化史？須先把歷史的定義拿來說明一下。歷史是什麼？歷史就是根據因果法則，綜述人類過去時代複雜的事實。換句話說，歷史就是用因果法則敍述人類過去活動之記錄。上面已經說過，文化就是生活，也就是人類各方面的生活之總稱。那麼我們就可以說，文化史是敍述人類過去生活各方面的活動之記錄。

文化史和普通的歷史不同，普通的歷史注重人類一般的活動，尤其是各朝代的政治和武功。文化史就只注重人類生活方面的活動，如人類過去的經濟生活，政治生活，智慧生活等。至於各朝代的盛衰，就不在文化史敘述的範圍。這是文化史和一般普通歷史不同的地方。

三　什麼是中國文化史

什麼是中國文化史？簡單的答一句，中國文化史就是敘述中國民族過去生活的歷史。中國文化史的任務，就是在把中國民族過去生活各方面的活動，一一記錄下來，使一般讀歷史的人對於中國文化可以得到一個間接的認識，進而使中國固有的文化發揚光大。

第二章　中國文化起源的根據地

古代文化的起源，與河流很有關係。例如埃及的文化起源於尼羅河，巴比倫的文化起源於底格里斯河與幼發拉的河，印度的文化起源於恆河。因爲河流所經過的地方，常常都是很富庶的，住在河流兩岸的人因爲謀生比較容易，就有餘力從事文化。所以一國的大河流域，就往往成爲該國文化起源的根據地。

中國文化起源於黃河流域。黃河流域所以能够成爲中國文化根據地的原因，大約不外下列幾點：

第一、黃河兩岸的地帶，大都屬於黃土層，便於耕種；

第二、黃河流域的地勢較高，不像長江流域那樣低窪，所以適於居住；

第三、黃河的兩岸，有廣大的平原，沒有崇山峻嶺的阻隔，所以便於交通。既然便於耕種，又適於居住，於是生活問題就容易解決，生活問題容易解決，人民就易團集；同時又因交通的便利，接觸的機會就多，不知不覺間，文化就相應而生了。中國文化所以起源於黃河流域，不起源於長江流域，就是因爲古代黃河流域的天然環境比長江流域好的緣故。

第三章　構成中國文化的諸民族

中國文化的主幹，自然要推漢族。但是現在所稱的漢族，決不是單純的漢族，實在是經過多數民族的混合與同化而形成的一個總名。因此，如果我們只說中國文化是爲漢族所創造，這是錯的。在漢族這一個名詞裏面，實包含了許多其他民族的分子在內。漢族固然是形成中國文化的主要分子，但是除了漢族以外，還有許多民族都是和中國文化有關係的。現在就史書上的記載，證明與中國文化有關係的諸民族，分述於後：

一、東夷族——東夷在春秋時最著名的有萊夷徐戎兩族。萊夷族居於現在山東半島的登州、蓬萊、青島一帶地方，自齊太公以後，就次第爲漢族所同化，到戰國的時候，已沒有萊夷的痕跡了。徐戎族居於現在江蘇的西北部

（淮水的中流，）牠的歷史也並不長，自從秦始皇併吞六國以後，也就爲漢族所同化。

二、荊吳族——在荊吳族中最著名的有楚民族與吳民族。在春秋時代，楚吳兩國本是文化很低的國家，與漢民族不發生什麼關係，直到戰國時代纔被漢族所同化。

三、苗蠻族——苗蠻

春秋戰國時代異族分佈圖

族與漢族發生關係最早，在太古時代，黃帝與蚩尤戰於涿鹿，相傳蚩尤就是苗族的酋長。苗族本居於中國的北部，後經歷代的放逐，就愈竄愈南，最後竟竄至雲南、貴州、廣西、湖南邊界的深山窮谷中，就是現今在這些地方還可以見到苗民的痕跡，但大部分已被漢族同化。

四、百越族——在百越族中，最著名的有越、甌越、閩越、南越、山越五族。越民族居於現在浙江省的紹興縣，據一般的傳說，越民族是夏禹王的苗裔，到了戰國時代纔被漢族所同化。甌越與閩越在漢初本是兩個國家，武帝以後，就同化於漢族。南越也稱南粵，就是現在的廣東。自從秦始皇殖民南越以後，南越的人種就已很複雜，直至漢武帝平定南越以後，武帝又幾次徙南越人於長江淮水之間，於是南越人也就漸爲漢族所同化。山越就是居於現在的江蘇與安徽一帶地方，在漢以前歷史上本沒有山越的記載，直到三國時候纔爲吳國的孫權所討平。

五、藏族——藏族就是氐羌族，和漢族發生關係很早，在商朝的時候，就已受中國的統治，到了秦漢以後，就大部分爲漢族所同化。

六、滿族——滿族的根據地是東三省，唐代的渤海，宋代的女真，明代的滿洲，都是屬於滿族。滿族常與漢族交通，但牠被漢族同化卻在淸代入主中國以後。

七、蒙古族——蒙古族的根據地在外蒙古，三代時的犬戎，秦漢時的匈奴，元代的帝室，現今的內外蒙古，都是屬於蒙古族。蒙古族民性强悍，所以現在還不能完全受漢族同化。

八、回族——回族的根據地在阿爾泰山一帶，秦漢時代的月氏、烏孫，唐代的突厥、回紇，都是屬於回族。回族還沒有和漢族同化的也還很多。

從上面看來，可知中國文化不是完全爲漢族所創造，除了漢族之外，實在還有許多其他民族參加活動，如東夷族、荆吳族、苗蠻族、百越族、藏族、滿族、回族、蒙古族等，他們雖然多數已被漢族同化，實際上他們的文化仍沒有完全消滅，所以中國現今的文化，實是由上面各種民族所構成，是一種由各民族混合成功的文化。

第四章　太古時代的人民生活

在太古時代，人類謀生的工具非常缺乏，所以生活也非常簡單。據一般研究人類學的人說，人類在最早的時候，是只以自然界的菓實、樹根、與胡桃等爲食物的，所以熱帶中富有森林的地方，是最適宜於當時人類居住的地方。到了後來，人類的知識漸漸進步，謀生的工具也漸漸發明，例如弓矢發明以後，就知道用弓矢射擊禽獸，用禽獸來替代食物。後來又發明網罟，於是人類又能用網罟捕魚。既有弓矢，又有網罟，於是人類就能過着漁獵的生活。

一般研究歷史的人，對於太古時代的人民生活，都分做三個時代來說明：

一、漁獵生活時代——中國的漁獵時代，可以用古史傳說的燧人氏時代來代表。在燧人氏以前，人民平常漁獵所得的食物，都是生食的。到了燧人氏的時候，發明了火以後，纔將所得的食物，先用火煮熟，纔拿來食。

二、游牧生活時代——漁獵時代之後，就是游牧生活時代，在游牧時代的人民，全靠畜牧過活。他們居住的地方是不固定的，因爲他們要畜養動物以作食料，於是就不得不時時選擇相當的地方，以適應動物的生存。中國的游牧生活時代，可以用相傳的伏羲氏時代來代表，伏羲氏又有一個名稱叫做庖犧氏。在漁獵時代，人民所得的食物是不可靠的，到了伏羲時代，實行游牧生活以後，人民日常所需的食物，纔有相當的把握。

三、農業生活時代——到了農業時代，人類的生活就更進一步了。在游牧時代，人民所依靠生活的唯一東西是動物，而且因爲要使所畜養的動物生長得快，於是就不得不時常遷移到有水草的地方去居住，過着漂泊無定的生活。在農業生活時代就不是這樣，人民居住的地方是有一定的，人民的主要食物是植物。中國的農業生活時代，可以說是開始於神農時代，據古史所載，神農氏『制耒耜，教民農作。』實爲中國農業時代的開端。不過在神農時代，中國還沒有鐵器的發明，而鐵器却是經營農業最要緊的東西，從這一點上，可以證明在神農時代，雖然已有農業的發明，而農業的發達則當在神農以後。

上面所說的燧人氏，伏羲氏，神農氏，在中國歷史上合稱爲三皇，三皇實可代表中國太古時代人民生活的三個時代。

第五章　家族及私產制度的起源

據社會學家的研究，人類家族的起源很古，差不多自有人類，就有兩性的結合而成家庭。不過婚姻的方式和家族的制度，往往隨着時代而有變遷。至於私產制度的發生，比較遲些。在漁獵時代，結成團體的人羣，據說佔領一地以後，不許別羣的人來侵犯，但對本羣的人還是共同享有的，所以很少私產制度的色彩。

到了游牧時代，以牛羊豕等爲家畜，可說是私產制度的起源。等到農業發達以後，業農的人民因有一定居住的地方，愛護財產的觀念也就更深，私產的制度更形鞏固了。

第六章　衣服和居住

在太古時代的中國人，只知道用獸皮樹葉來遮蔽身體，他們不曉得織布，也不曉得縫衣，同時也沒有「衣服」兩字的名稱。在神農氏時代，雖據古史所說，曾教一般百姓織皮做裘，但也只能遮蔽身體，並沒有一定的縫製格式。到了相傳下來的黃帝時代，養蠶的方法發明以後，纔知道用蠶絲來製衣服，並定了一種衣冠的制度，稱上面的爲「衣，」下面的爲「裳。」可見衣服是黃帝所發明。

由黃帝而到堯舜時代，對於衣服的製法就有很大的進步。歷史上相傳堯舜，用五種不同的顏色製成各色各樣的朝衣，分日、月、星、辰、山、龍、宗彝、等十二種，用來表明官級的高低。

在周朝的時代，一班普通人所穿的衣服，也是有上衣下裳的分別。在冬天因爲天氣冷，就用狐裘與羊裘。在祭祀時，因爲職位的不同，所穿的衣服也是不同的。

至於居住，在太古時代也是非常簡單，在那個時候，他們沒有像現在的家屋可以居住，也沒有茅舖可以躲避風雨。他們只知道結巢於樹上，或掘地洞於土中，以避毒蛇、猛獸、風雨的來襲。到了黃帝時代，相傳纔有宮室的發明。從黃帝到堯舜，人民的居住問題，就完全解決。再由堯舜而傳到周代，建築事業就已非常發達，尤其是對於王宮的建造，實可代表當時建築事業的進步。

第七章　農業

一　農業的發明

我們在前面曾經說過，在漁獵時代所得的食物是很不可靠的，因此就用人工來畜養動物，以補食物的不足。可是人類進到游牧時代以後，食物是不是永久有把握的呢？這自然是不可能的。因爲人口天天增加，所畜養的牲畜，也就感到缺乏，因此就不得不另尋解決生活的途徑，結果農業就發明了。所以農業的發明，是由於人口衆多，牲畜不足的緣故。

我國雖在神農時代已發明農業，但當時所使用的工具是非常簡單的，一切都用木頭製成，當時不但沒有鐵器的使用，而且不能利用獸力。在神農時代，實可說是中國農業的發生時期。

二　農業的發達

中國農業的發達，大約是起於周代，因爲周代纔發明鑄鐵，纔知道用鐵製成工具。譬如在神農時代，耕田的工具，只是用木頭製成的，對於耕耘土地，非常困難；在這種情形之下，要使農業發達，也是很困難的。

到了周代，發明鑄鐵以後，就以鐵製的工具代替了木製的工具，於是農業就隨着發達。凡是一種事業的發達，對於所用的工具是很有關係的。

據古書的記載，在周代，設有稻人、草人、司稼等官，以監察農事。稻人官的職務是辨別水性，如鹹水不能生草，就不能種稻。草人官的職務是辨別土性，如怎樣的地方種稻，怎樣的地方不宜於種稻。司稼官的職務是辨別食用植物的種類和植物成熟的先後，如在什麽時候，適於種那一種植物等。

我們從上面看來，可見在周朝的時候已發明肥料學和土壤學，當時農業實已非常發達。到了漢武帝的時候，搜粟都尉趙過，又發明牛耕法，因此就能以獸力來代人力。又自南北朝以後，一直到宋代的太宗神宗都很注意水利，於是農業就得到更大的進步。

三　農業的破產

我國幾千年以來，都是以農立國的，所以歷代的帝王大都對於農政方面都很注重。中國的農民大都能夠自給，過着安居樂業的日子。

自從帝國主義的商品無限量的輸入中國以後，中國的情形就大大不同了。帝國主義者且暗中幫助中國軍閥，使中國軍閥不斷地發生內戰，於是農村耕地就多荒蕪。據民國三年統計，我國耕地面積，除外蒙古、青海、西藏外，共有十五萬萬七千零五十二萬五千二百七十畝，到了民國十一年僅存耕地八萬萬一千八百九十八萬三千零三十四畝，在八年以內竟少去耕地六萬萬畝以上。耕地荒蕪得愈多，土匪也就愈多，結果就造成現在農業的破產。現在中國農業的破產，最大原因是受帝國主義的侵略，這是很明顯的。

第八章　土地制度

一　井田制度

井田制度，是中國最早的一種土地制度。但是所謂井田制度，究竟是怎樣的呢？據詩經上的記載和孟子所說，井田就是劃方里之地爲井，井以內包含田九百畝，井分八家，每家各得田百畝，當中百畝爲公田。在一井裏面的人，對於公田都有保護與耕種的義務，并且必定要先把公田料理妥當以後，纔可料理私田。公田所得的收穫，就爲國家所有。

井田制度，究竟起於什麼時候，歷史上沒有明白的記載，有些人說是起於夏代，有些人說是起於殷代，又有些人說是起於西周時代。至於井田制度的破壞，據說起於秦代商鞅開阡陌以後。但是話雖這樣說，古代有沒有井田這一種制度，現在的一班歷史家都還在疑問着。

二　占田制度

自從秦商鞅開阡陌，廢井田以後，土地就一變而可以用金錢自由買賣，於是在秦漢兩代，一班有錢的人就田連阡陌，成了大地主。土地兼併的風氣，一時就非常盛行。結果到了晉代就又產生一種占田制度。

所謂占田制度，就是由國家依照男女等級，給以相當的田畝的意思。這是晉代所創的一種土地制度。據史書所載，在晉武帝的時候，他把吳國平定了以後，就實行這種占田制度，規定男子一人佔田七十畝，女子三十畝；丁男五十畝，丁女二十畝。至於魏，和唐兩代，也曾實行形似占田的土地制度，不過沒有晉代的行得普遍就是了。

三　均田制度

均田制度的名稱，起於後魏，後魏所行的土地制度，就是均田制度。據史書說，在後魏時代，凡是男女到了十八歲的時候，就由國家給以相當的田耕種，到六十歲就都歸還國家。每年的一月，就是受田與歸田的時期。行均田制度的除後魏以外，還有北齊。北齊也是仿後魏的辦法，行均田制度的。

四　班田制度

班田制度和均田制度很有點相像，是參照均田制度的辦法而成功的。這是唐代的一種土地制度。

史上所載班田制度的辦法是：凡男子到了十八歲的時候，就由國家給他田一百畝，在這一百畝田裏面，有二十畝是可以傳給子孫的，叫做永業田。其餘八十畝，就只限於受田人死了爲止，便該還給國家，叫做口分田。這種永業田和口分田都不可典當或買賣。這是班田制度的主要辦法。

中國古代的土地制度，在歷史上最重要的只有上面四種。就是秦以前的井田制度，晉代的占田制度，後魏的均田制度，和唐代的班田制度。晉、魏、唐的三種制度，在性質上講，都是想辦到地權平均這一個地步的。

第九章　賦稅制度

中國是一個以農立國的國家，國家的收入也以田賦爲根本。但是古代對於田賦的徵收是不一律的。譬如在井田制度時代，人民替公田所盡的義務，就算作國家對於人民所課的賦稅。在秦代的時候，人民所納的稅要比井田時代多五倍，佃戶收入二分，要納稅一分。漢代起初只徵稅十五分之一，後來又減到三十分之一。

在唐代，國家對於人民所徵的稅，史上有租、庸、調、三種名稱。受田的人，每年須納粟二石於國家，叫做租。人民每年須納絹、綾、繒各二丈，綿三兩，或納布二丈四尺，麻三斤，叫做調。此外，人民須每年替國家力役二十日，叫做庸。「租」就是現在的田租，「調」就是戶稅，「庸」就是口稅。

又唐代自安、史、亂後，因爲要適應亂後的環境起見，就有楊炎的「兩稅法」發生，所謂「兩稅法，」就是依照貧富的不同，規定稅額的多少，於每年的夏、秋、兩季爲徵收時期。夏季最遲不得過六月，秋季最遲不得過十一月。楊炎的兩稅法實行起來很簡便，所以宋、元、明、清四代都沿用這種方法，沒有多大的改變。兩稅法實是一種進步的徵稅方法。

第十章 商業

一 商業的發生

商業的發生，是一種自然的現象。太古時代的人民，因受生活的壓迫，就不得不把他所有的東西，去換取他所沒有的東西。結果就漸漸形成一種日中爲市的商業。

據一般研究社會進化史的人說，商業的發生，大約起於由漁獵生活推移到游牧生活的時候，因爲在漁獵部落，有的是魚類和野獸，所沒有的是牛羊；在游牧部落，有的是牛羊，所沒有的是魚類和野獸。於是爲了滿足生活的需要起見，就不得不以物物交換的方法，達到滿足需要的目的，於是商業就發生了。

中國的商業，大約發生於伏羲時代，因爲依據古史所載，在伏羲時代，正是由漁獵生活推移到游牧生活的時代。

二 商業的發達

中國商業在周代已很發達。我們從什麼地方可以證明周代的商業發達呢？文王的程典上說：『士大夫不雜於工商，商不厚，工不巧，農不力，不可以成治……』從這幾句話看來，已可證明商業是周代的一種專門職業。

又商業的發達，和農業、手工業的發達都很有關係；周代農業的發達情形，在第七章裏已經說過，從周代農業發達的情形，也可推測當時商業發達的狀況。

同時，周代對於商業的設施，據史書所載，設有司市、肆長、賈師等官。「司市」的職務是管理一市的行政與教育，差不多就是等於現在的市長。「肆長」的職務，是監督陳列的貨物。「賈師」的職務，是訂定貨物的價値，限制買賣的物品等。從這種種的設施上，也可證明周代的商業是很發達的。

從周代到戰國，各國的大城市就都成了商業的中心，商業就更加發達。在戰國的時候，經商風氣是很盛的，一班善於經商的人，往往都成了富翁，如猗頓以販鹽起家，郭縱以冶鐵致富，都是當時很有名的。

三　重農抑商的政策

中國自戰國以後，各代的帝王似有一個共同的政策，這就是重農輕商。他們把農人看得很重，把商人看得很輕，這差不多已成爲一種傳統的觀念。這種傳統觀念，直到民國創造以後，纔把牠矯正過來。

第一個提倡重農輕商的人，就是秦代的商鞅。繼續商鞅實行這種政策的，在漢代有高祖、惠帝、武帝、王莽等，此外如晉代、隋代、唐代、明代、清代，都是實行一貫的重農輕商政策的。

四　中西通商與中國商業的破產

中國與西洋通商起於漢武帝時代，但當時只限於中央亞細亞一帶。到了唐代，因爲威力遠播的緣故，中西的通商，似已盛極一時。當時中國商人從陸路往波斯、印度一帶地方經商者大約很多。水路方面，從廣州經錫蘭島，而到波斯灣與亞剌伯沿岸通商者，也很不少。

到了唐代，在廣州、泉州、杭州、等地，都設有市舶司，徵收關稅。外國人到中國來通商者，每年大約有好幾萬。這時唐代中國與西洋通商的繁盛情形。

至於最近百年的中國商業，在表面上看去雖然似乎比前進步，實際上中國商業到現在差不多已等於破產。中國商業爲什麼會達到這個地步呢？最大的原因有二。第一個原因，就是由於關稅不自主，關稅不能自主，於是國貨的市場就完全爲外貨所奪。第二個原因，是列强根據條約，在中國各地建立工場，用中國的原料，中國的人工，製成商品，轉售於中國人，結果中國的手工業就完全破產，而所謂商業，也只是做外國廠家的推銷人。這樣一來，中國的商業還那裏有不破產呢！

第十一章 工業

工業是生活的基礎，也是促進生活的原動力，在文化史裏面，工業實佔極重要的地位。漁獵時代的網罟，農業時代的耒耜，便是我國最早的工業。

中國的工業，在商代已有相當的發達，當時在食器方面，已有鼎、尊、敦、卣、壺、爵等的發明。在土木方面，已有宮室、舟車等。在紡織方面，已有絲、帛、衣、裘等。至於武器，則弓、矢、彈、箙、戈、鉞等都已完備。

到了周代，社會的分業，已進到專門化，於是家庭手工業，在當時就佔着重要的地位，各種工業，也就漸漸變成專門化了。

中國在歷史上最有名的工業，就是蠶絲業和瓷業。蠶絲相傳在黃帝的時候，已有發明。當時就知道用蠶絲來製成衣服。至於瓷業，雖起於唐代，發明

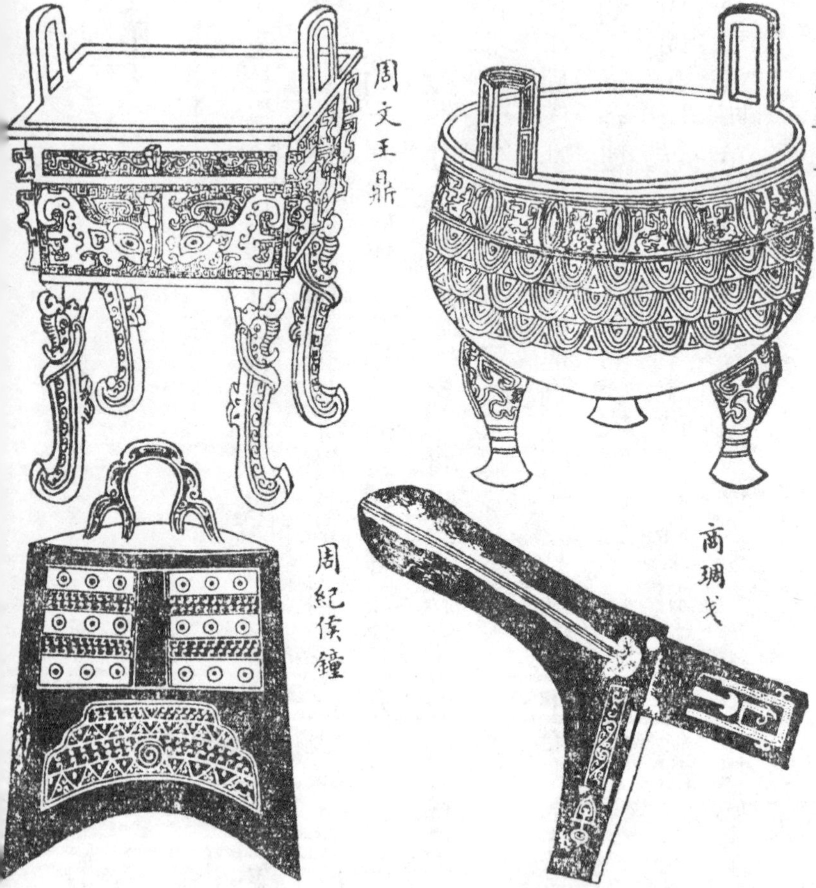

商周古器圖

最遲，卻是我國最有名的一種工業。

此外，如銅器、鐵器、漆器、玉器、都發明很早，製品也都優良。可惜中國自發明工業以來，歷代都脫不了手工業的範圍，自從外國的機器製成的商品輸入中國以後，中國的手工業就完全破產了。

第十二章 政治制度

一 神權政治

在太古的時候人民的思想非常簡單，對於自然界的各種現象，都不能知其所以然，認爲一切現象都含有神祕性，認爲一切現象都有神在那裏主宰。於是當時那些聰明的執政者，就說他們的執政權是神付託他的，他們的目的是要使一般被統治的人民不會反抗。這種政治，就是神權政治。

中國的神權政治，起於什麼時候，到什麼時候開始崩潰；這在歷史上，也沒有明確的記載。依照初民的生活狀況推測，大約在夏代以前，是行神權政治的。

二 貴族政治

什麽叫做貴族政治呢？貴族政治，就是由氏族社會進到奴隸社會，必然產生的一種政治制度。在夏、商二代，貴族就是政治上强有力的主動人，那時的政治，就是一種貴族政治。

從商代到周代，再由周代到春秋，在這段時期裏面，都是行貴族政治的。當時的貴族就是政治的主動者，平民就是貴族的奴隸。

中國的貴族政治，到什麽時候纔崩潰呢？中國貴族政治的完全消滅，大約在春秋以後。在春秋以後，知識分子逐漸增加，平民的勢力逐漸擴大，於是貴族政治也就無形中消滅了。

三 專制政治

在上面，我們說春秋時代是行貴族政治的。可是，在當時的秦國，卻始終沒有行過貴族政治。秦孝公用商鞅做宰相後，商鞅就以法治主義爲政治的骨幹，所以極力壓抑貴族。結果就形成秦國實行專制政治的準備。

秦始皇滅了六國以後，他就毅然廢封建，置郡縣，以實現他大一統的理想。這樣一來，中國的政治，就別開一新局面，定於一尊的專制政治就成立了。所以秦始皇就是實行專制政治的第一個人。

秦始皇像

自秦代到唐代，從大體上講，都是行專制政治的。但是專制政治的成熟，却要以宋代爲起始。到了宋代，中央集權的專制政治纔完全確立。從宋代到清代，這一段時期，都可說是專制政治的成熟時期。及到民國成立，專制政治就完全推翻了。

四　平民革命

當秦始皇厲行專制政治的時候，他原想用專制的力量，以達到萬世爲君的目的，把皇位傳到於無窮的。可是事實卻遠出他的意料之外，後來竟有農民陳勝、吳廣等起來暴動，秦代的政權就很快的被推翻了。

這一次的革命，有人說是專制政體的反動，其實革命的主力軍，卻是一些無所依靠的農民和浪子，他們的目的原想打倒統治階級，找自己的出路，這種革命，在歷史上只能叫做平民革命。

第十三章　教育

在上古時代，教育大都是貴族階級所專有，平民幾乎不能享受。平民要受教育，往往爲統治階級所不許。所以上古時代的教育，是一種貴族階級的教育。

我國設立學校很早，在虞代的時候，就已有學校的設立。當時所設立的學校有大學、小學兩種。從虞代、到夏、殷二代，也都設有大學和小學。周代的學校有鄉學、國學的區別，國學爲天子、諸侯、公卿、大夫就學的地方，鄉學爲庶民子弟就學的地方。

到了戰國時代，因爲貴族政治的崩壞，教育就得到解放，知識也漸普及於平民，以前官府所藏的書籍，也漸移到民間。

秦統一中國後，採取愚民政策，把民間的書籍燒燬，這實是教育上的一個大不幸。

至於漢代，卻以光武時代的教育最爲發達，光武帝在京師設立太學，當時共有太學生三萬多人。在唐代各種學校的名稱很多，學校制度到了這時，就算完備。

同時，唐代因爲實行科舉，在唐末年，書院制度非常發達。尤其是在宋、明、清三代，書院講學的風氣更是盛行。凡是文風稍盛的地方，差不多都有書院的設立。一直等到清代末年科舉制度廢除以後，這種風氣，纔漸漸消滅。

現在新式學校的設立，起於八國聯軍以後，在八國聯軍以後，清室始正式廢除科舉，改書院爲學堂。當時的學制完全模倣西洋與日本，分初等小學，高等小學，初級師範學堂，優級師範學堂，中學，高等學堂，大學堂等名目，所用的教本，也都從日本方面繙譯過來。

這種新式學校的創設，離現在已有數十年，可是我們還看不到從這種教育所發生的良果。最大的原因就是由於辦學的人，專事表面上的敷衍，不注重於實際生活，致使教育與社會離開太遠。

第十四章　宗教

上面說過，上古時代的人民，頭腦是很簡單的，他們對於自己的生死，對於自然界的一切現象，都不能明瞭牠的所以然。所以他們一看到自然界的變幻不測，都感着非常驚異，認爲有一種神在那裏主宰，於是發生一種崇拜的心理，漸漸地形成一種宗教。

中國最古的宗教，就是周代的天神、人鬼、地示。「天神」就是指日、月、星、辰、風、雨等，「人鬼」就是指祖先崇拜，「地示」就是指社稷、山林、川澤。中國是一個迷信極深的國家，歷代所信奉的宗教，不下十種，茲將比較重要的幾種，拿來說一說：

（一）道教——道教爲漢張道陵所創，本來是和老子沒有關係的。魏、晉二代以後，因爲老子與莊子的學說很是盛行，於是老子就被奉爲道教的教主。唐、宋二代，對於道教都很崇奉，到了元代，道教就分爲四派：第一派稱爲正一教，爲張氏所遺傳，行於長江以南；第二派是真大道教，爲金末道士劉德仁所創；第三派是全真教，爲宋末道士王重陽所創；第四派是太乙教，爲金道士蕭抱真所創。至明、清二代，道教更爲一班執政者所信奉。

（二）佛教——佛教原於印度，到東漢明帝時，纔輸入中國。一直經過三國、西晉，到了東晉的時候，纔漸漸引起中國人的注意。後來到了隋、唐時代，佛教就很發達。佛教是中國人信仰最深的一種宗教，就在現在科學昌明的時候，佛教思想在中國社會的勢力，還是很大的。

（三）回教——回教爲亞剌伯人穆罕默德所創，在隋煬帝的時候，始由海道入中國。起初只在廣東番州建懷聖寺，這是中國有回教的開始。到唐高宗以後，回教的勢力就漸流行於各地。

（四）基督教——基督教最早輸入中國的，是乃司脫利安派。到元代，又有也里可溫派傳入，但不久就都斷絕。到明神宗萬曆八年（公元一五八〇年），又有意大利人利瑪竇到中國來傳教，利氏富有科學的知識，所以當時人都很歡喜和他來往。但這只是一時的，等到利瑪竇死了之後，明廷就又出來禁止了。基督教得在中國內地自由傳布，起於鴉片戰爭以後，鴉片戰爭後，基督教士到中國來傳教的，就一年多似一年。中國人信奉基督教的也就一年一年的加多。據公元一九二二年的統計，中國全境共有宣教會百三十所，宣教地點有八萬多處，中國教徒有三十六萬六千五百二十四人。這個數目，實在是很可驚的。

五、喇嘛教——喇嘛教起於西藏，從元、明、清三代以至現在，西藏人都聽從喇嘛的統治，尊奉喇嘛爲帝師。所以喇嘛一方面有宗教的勢力，一方面又有政治的勢力。喇嘛教到了宗喀巴的時候，分爲新舊兩派：新派穿黃色的衣服，稱爲黄教；舊派穿紅色的衣服，稱爲紅教；紅教不禁娶妻，黄教則禁娶妻。這是新舊兩教最大的區别。

第十五章　儒道墨三家的思想

在春秋戰國時代，中國人的學術思想異常蓬勃，如歷史上最有名的孔子、老子、墨子都產生於這個時代。所以一般研究中國歷史的人，都認爲春秋、戰國時代，是中國學術思想的黃金時代。在這個時代，中國各種學說都有產生，尤其是儒、道、墨三家的學說，最能影響於當時。現在就將這三家的學說，略略拿來說一下：

一、道家——道家的始祖是老子，老子楚國人，姓李，名耳，字聃。他生卒的年月，歷史上已不可考。老子的

老子像

根本思想，就是自然、無爲、無名、三個基本觀念。老子因爲注重「自然，」所以就不承認有「天」來主宰一切；因爲注重「無爲，」所以就希望「老死不相往來」的理想社會實現；老子又認爲社會的混亂，是起於「有名，」與其有了名而亂，就不如復歸於「無名」的混沌狀態。這是老子的根本思想，同時也是道家的根本思想。此外，如莊周、楊朱、許行等，都是和老子的思想成爲一個體系的。

二、儒家

儒家的創始者是孔子，孔子名丘，字仲尼，魯國人，生於周靈

孔子像

王二十一年（公元前五五一年），死於周敬王四十一年（公元前四七九年）。孔子的思想可以用仁、孝、忠、恕這幾個字來包括。尤其是對於「仁，」他更看得重。他認爲就是以生命去換「仁，」也是值得的。至於孔子對政治的主張，往往站在士大夫階級替自己說話，他認爲人類是有階級的，國王是應該專制的。與孔子成一體系的，有子思、孟子、荀子、等。

二、墨家——墨家的開創者是墨子，墨子姓墨，名翟，魯國人（也有說他是宋國人）。墨子的生卒年代，已不可考。大約比孔子的生卒年代，遲了一些。墨子的思想，大部分是受儒家的影響，但他卻又是一個反對儒家的健將。墨子的學說，最重要的是兼愛、非攻、節用、薄葬、非樂、等。和墨子的學說成一體系的，有惠施、公孫龍、宋鈃、尹文、等。

上面所說的三家思想，以儒家的思想影響最大；有人說中國的歷史，就是孔子一個人的歷史，這話實在很值得體會。上面已經說過，孔子是站在士大夫階級的立場說話的，他的學說，實和中國歷代的封建政治很相合，所以能夠遺傳得這樣久。老子主張回返到原始社會，這和社會的進化原則完全相背，所以他的思想不能影響於後代。墨子的兼愛思想，和後代的封建政治，也很不利，所似不久也就衰滅了。

第十六章　宋明的理學

理學的開山祖是周敦頤，周氏字茂叔，生於北宋時代，是湖南道州營道縣人（今湖南道縣）。他的學說大部分是受道家的影響。他自己本來是一個儒家，他創理學實是儒家思想的一個大轉變，同時也可說是儒家的反動。

在北宋時代，談理學的人，除周敦頤外，還有程氏弟兄，那就是程灝和程頤。程氏兄弟也有人稱他爲大程子小程子，大程子就是指程灝，也稱明道先生；小程子就是指程頤，也稱伊川先生。他倆本是周敦頤的學生，是河南洛陽縣人，北宋的理學到了他倆時代，就已有相當的基礎。

程灝的學說和程頤不同。程灝是主張一元論的，他認爲宇宙只是一個「仁，」我們不但研究學問須先明白「仁，」就是要了解宇宙間的一切事物，也先該明白「仁」。至於程頤，却是主張二元論的，他認爲宇宙由於「理」「氣」兩種東西混合而成。「理」就是「性」，「氣」就是「心」，他認爲要明理就須先養心。這是程氏兄弟思想不同的地方。

理學到了南宋時代，就完全成立，其中朱熹實是一個最大的功臣。朱熹本是一個大批評家，他的天才甚高，學問也甚淵博。他的思想和小程子大致相同。所以後來談理學的又有所謂程、朱派和陸王派。程、朱就是指程頤和朱熹，程朱派的學說是繼續小程子的。陸王就是指陸九淵和王守仁，陸王派的學說是繼續大程子的。程朱派主張二元論，是經驗派，所採用

朱熹像

的是歸納法。陸、王派主張一元論，是直覺派，所採用的是演繹法。

陸九淵是南宋時代人，他的字叫子靜，自號象山翁，所以當時的學者都稱他爲象山先生。王守仁是明代浙江餘姚人，他的字叫伯淳，世人稱他爲陽明先生。王守仁的思想是完全從陸九淵那裏來的，他自己本沒有什麽創造。但陸九淵雖然創「心卽理」等學說，而發揚陸氏學說的卻是王守仁。明代的理學，除了王守仁有些貢獻外，其他幾乎很少貢獻。

第十七章 藝術

一 文學

文學的發生，在文字發生以後，這是誰都不能否認的。中國在太古的時代，人民的生活很簡單，那時既未有文字的發生，也用不到文字來做生活的必需品。相傳他們只用結繩的方法，來處理一些極簡單的事情。等到生活漸漸進到複雜，纔發明八卦來代替。相傳伏羲氏作八卦，這就是中國文字的起源。八卦發明以後，到了黃帝的時候，相傳又有倉頡的造字，於是中國文字就漸漸完備了。

中國最古的文學是風謠，風謠就是古代人民出於自然流露的一種有韻的民歌。風謠發生之後，始有詩、詞、賦、小說、散文、曲等出現。詩和賦原來是從詩經裏面的風變化出來的，到春秋戰國的時代，纔正式把詩和賦分開。詩在唐代最盛，賦在漢代最盛。至於詞則盛於宋代，曲盛於元代。小說與散文在唐代也已很盛行。

二 繪畫

中國繪畫事業，發生很早。周代已有壁畫的發明。漢武帝時，繪天地、太乙、諸鬼神於甘泉宮，漢宣帝時，繪功臣像於麒麟閣，這些都是壁畫。在東漢明帝的時候，印度的佛教傳入中國，於是印度的雕刻和繪畫也就同時輸入。明神宗時，利瑪竇來中國，他能畫耶穌聖母像，這實爲西洋畫傳入中國的起始。

至於中國歷代有名的畫家，如晉代的顧愷之，他能畫人物、神獸、風景，與南北朝的陸探微、張僧繇，及唐代的吳道子，並稱爲畫家四祖。此外如唐代王維、李思訓的山水，宋代趙昌、徐崇嗣的花鳥，元代顏輝的人物，明代林良的水墨花鳥，清代鄭燮的墨竹，都是歷史上有名的畫家。

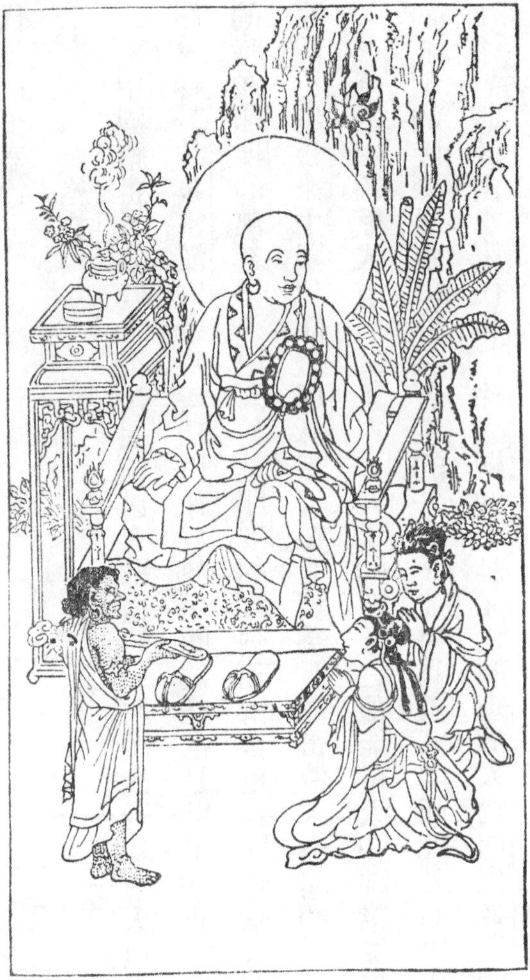

吳道子畫的佛像

三　雕刻

中國的雕刻事業，也發生很早。在唐虞時代，雕刻方法已開始萌芽。商代

顧愷之畫的女史箴圖

的文字，往往刻在龜甲或獸骨上，可見當時的雕刻事業已經很發達。到了周代，雕刻事業就更進步，尤其是雕刻玉器，更爲周代雕刻家所特長。至於雕刻金屬器物，大概是起於春秋戰國時代。在春秋以前，民間雖然已使用銅器，但當時因爲雕刻玉器很是盛行，所以還沒有注重到這個。到了秦、漢二代，雕刻碑碣的風氣很盛，同時富人豎造房屋，也都在木上雕刻花卉，用作裝飾。晉代人喜歡雕刻佛像。唐、宋兩代就刻木印書。宋代的工藝雕刻，其精細巧妙，更是爲歷代所沒有的。至於元、明、清三代的雕刻事業，雖然沒有長足的進步，但是中國的雕刻藝術，卻早已達到登峯造極的地步了。

四 建築

中國的建築事業，在什麼時候纔發生的呢？這個問題是很值得研究的。據歷史上的記載，「黃帝作宮室，以利民居。」這也許就是中國建築的起源。秦以前的建築，歷史上很少記載，依照秦代建築的發達情形推測起來，

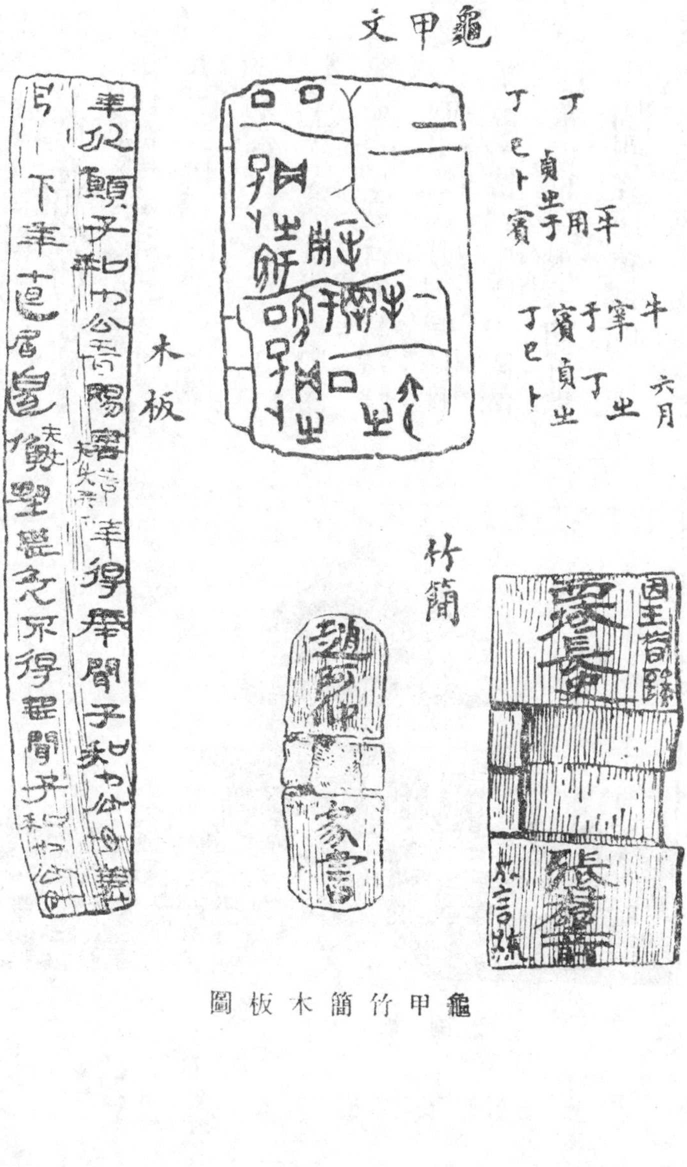

龜甲竹簡木板圖

我們可以斷定，在秦以前的建築事業，必已有相當的發達。秦始皇把中國統一後，就大興土木，造長城，造阿房宮，實開中國建築的新紀元。

到了漢代，佛教傳入中國，於是寺院的建築就成爲當時重要建設事業。而且因爲印度的建築風格傳到中國，中國的建築事業也得到很大的好處。

中國現在所遺留的偉大建築物，以清代建築的居多，如

北平天壇圖

曲阜的孔廟，北平的天壇，祈年殿，辟雍宮，圓明園的玻璃塔，西山臥佛寺的牌坊，萬壽山的銅樓，以及北平、熱河、遼寧的宮殿，都是在中國建築史上有極大的藝術價值的。

第十八章 科學

一 氣象和曆法

中國對於氣象和曆法的研究，起原很早。相傳在黃帝的時候，已開始作氣象和曆法的研究。黃帝叫羲和占日，叫常宜占月，叫臾區占星氣，叫伶倫造律呂，叫隸首作算數，叫大撓作甲子。到後來，容城就用這六種法術作曆法。這就是中國人研究氣象和曆法的起源。

古史所載，在唐堯的時候，已開始依照日月五星的運行，定三百六十六日為一歲，用閏月的方法定四時，後代人稱這為陰曆的始祖。夏、商、周三代，也都根據這種曆法。到了後代，如漢武帝時的太初曆，唐代的麟德曆和開元大衍曆，曆法的名稱雖然經過屢次的變更，實質上仍很少改變。可見中國的曆法，在唐堯的時候，就已立定穩固的基礎。到了元代，郭守敬發明黃道赤道差等法後，始集古代曆法的大成。

至於氣象的研究，雖然發明很早，但歷代都很少貢獻。到了漢代，耿壽昌製渾天儀，張衡造候風地動儀以後，始開氣象研究的新紀元。

二 醫學

醫學的發明，是一件必然的事。古代的人民，看到一個很壯健的人，忽然生病死了，他心裏就起了很大的感動，於是就想用一種人爲的方法，來補救這個缺憾。結果醫學就漸漸地發明了。中國的醫學發明很早，相傳「神農氏嘗百草以療疾」，也許就是中國醫學的起源。

據說周代設有醫師的官職，他的職務是醫治人民普通各種毛病，以及掌管醫務方面的政令。對於各種治病的方法，已漸漸成了專門化。

至於醫學的著述，大概是起於東漢時代。在東漢時代，有個醫家叫張機的，他原在湖南長沙做官，後來他看見家人多因患傷寒致死，乃著傷寒諸病論一書，對於中國醫學實有很大的貢獻。在隋、唐兩代，有孫思邈的千金方，王燾的外臺祕要，甄權的脈經、針方，在金元二代，有李杲的內外傷辨論及脾胃論，都是中國醫學上極有名的著作。在醫家中，最有名的是三國時的華陀，華陀能解剖開刀，醫術非常高妙，實可說是中國歷代最有名的醫家。

至於外國醫學的傳入，大約起於元代，元代猶太人來中國，都用自己本國的醫術醫治各種疾病，這是西醫傳入中國的開始。淸代以後，中國和西洋的交通日見繁盛，西醫在中國的地位也一天天的增高，他們用科學的方法，醫治各種中醫所及不到的疾病，因此中醫的地位反而日見不穩。在幾年以前，我國當局且有實行取締中醫的建議，可見中醫事業在中國，已是達到衰老的時期了。

第十九章 結論

中國的文化發生很早，傳播很廣，保存很久，在世界史上是最特別最偉大的。當今日西洋文化極盛時代，西洋人對於中國古代文化，仍是驚嘆欽羨不置。

但我們千萬不可以過去的光榮自誇，而且不可泥古不變，戀舊惡新。我們要曉得古代文化是太過偏重精神生活了，而且物質方面又太過偏重貴族享用了。所以對於民衆的物質生活竟無人注意改良，一切都自安於簡陋，不肯精益求精。多數的優秀人才都被科舉功名迷戀住了，咿唔占畢，終身在四書、五經中尋生活，一點不肯講求有利民衆的事情，所以政治從來不曾澄清，科學從來不曾發達，民衆從來不曾展過眉，吐過氣。馴至西學輸入，愚民拒之千里，黠者竊其皮毛，忽而提倡，忽而抵制，迄今未能發明一種適合國情的政治制度，便利民生的社會組織。甚至一舟一車亦需購用洋貨，未能自造；一絲一紗，亦需仰給舶來，未能自給而一般頑固之徒，尙高唱其讀經救國，保存國粹之謬說，真是可歎！

青年的同胞！起來創造未來的文化，不要讓古人專美於先，不要讓西人專利於現代！未來的文化一定是以民衆爲本位的，創造文化是我們的責任！起來呀！

王雲五徐應昶主編
小學生文庫第一集
(一一四八九)

中國文化小史

中華民國二十二年十月初版

一册定價大洋壹角伍分
外埠酌加運費匯費

著作者　姚名達　朱鴻禧

發行人　王雲五　上海河南路

印刷所　商務印書館　上海河南路

發行所　商務印書館　上海及各埠

六八一一上

(本書校對者朱公垂)

中國文化小史

范子田著

中華民國二十八年八月初版

中國文化小史

編著者　范子田
出版者　珠林書店　上海牯嶺路人安里十六號
發行者　楊克齋
定價每册二角

歷代古物圖

上　商鼎

下　周圭

秦釜

漢瓦瓶

唐 綠瓷童像

宋 銀插瓶

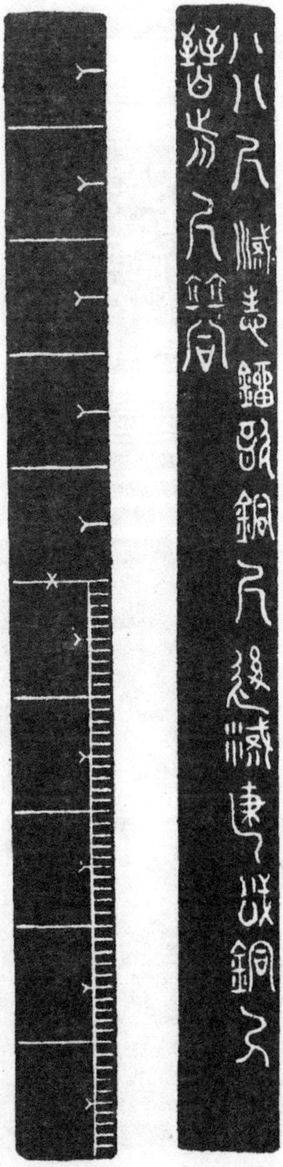

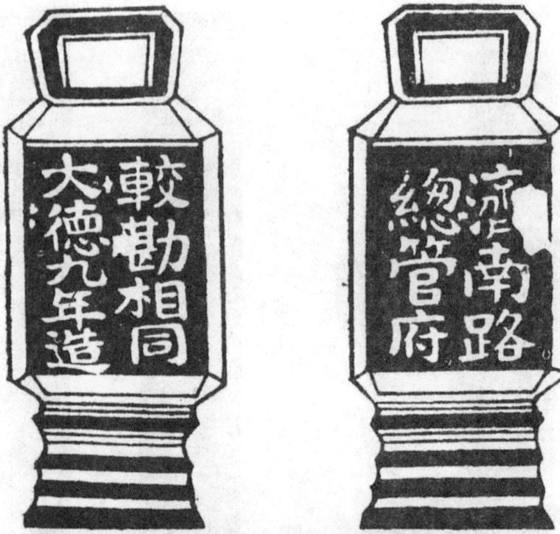

元 銅權

清 乾隆朝瓷瓶

目次

第一章 制度

第二章 學術

第三章 社會

第一章　制度

一　地方制

相傳夏禹治平洪水，分野爲冀、兗、青、徐、豫、揚、荊、梁、雍、九州，是爲我國有地方制度之始。周劃京城附近方四百里之地爲鄉、遂二自治區；（一）劃京城外五百里之地爲甸服，卽農業區；又五百里爲侯服，卽封建區；此外，又劃綏服、要服、荒服，各以五百里爲準。秦廢封建，行郡縣制：分全國爲三十六郡，郡分若干縣。——縣爲歷代地方區域之單位，卽起於此時。漢嫌秦郡太大，重分全國爲六十二郡，並建諸侯王國於其間。其後劃全國爲十三州，以州領郡，郡領縣。自漢到隋，地方區域的劃分，不外乎州、郡、縣三級。唐行道制，初分國內爲十道，玄宗改爲十五道，道之下爲府州縣；更於域外置都護府，羈縻州。宋廢道爲路，分國內爲二十六路，南宋只有南方十六路。遼行道制。金行路制。元代除四大汗國及吐蕃外，分中國境內爲十一行省，中國有省起於此時。省領路，路領府，府領州，州領縣，最爲複雜。明分全國爲十三省，省領府州，府領縣，更於邊境設置衛所。清分全國爲十八省，後乃增至二十二省，省領道，道領府，府領縣，其間又有州廳，而以內外蒙古青海西藏爲藩屬。民國初年，大體上仍清舊制，劃內蒙古及四川西半部爲特別區域，並廢府州，州廳以省領道，道領縣。國民政府統一中國後，置二十八省，卽江蘇、浙江、安徽、江西、湖南、湖北、福建、廣東、廣西、雲南、貴州、四川、西康、河北、山東、山西、河南、陝西、甘肅、熱河、察哈爾、綏遠、青海、寧夏、新疆、遼寧、吉林、黑龍江；及南京、上海、北平、天津、青島、西京六特別市，（二）東省、威海衛二行政區，蒙古、西藏二地方。此外，更有普通市，設治局。（三）省領區，（四）區領縣，縣領鄉、鎮、閭、鄰等自治組織。

註（一）周自治組織：鄉之下爲州，黨，族，閭，比，家；遂之下爲縣，鄙，酇，里，鄰，家。鄉有鄉老，鄉大夫。遂有遂人，遂大夫，皆爲自治長官，直隸於中央大司徒。（二）國民政府規定：以首都及人口在百萬以上，或在政治經濟上有特殊情形的都市，設爲特別市，直隸於國府，後改爲直轄市。（三）國民政府規定：以人口

隸於省政府。設治局始於清末，多在邊省，係擬設縣治而未實行之地，也隸屬於省。（四）即行政督察區，其轄地約等於清代之府，民國二十二年開始成立，爲省與縣的連鎖機關。

二　官制

周代中央政府，以天，地，春，夏，秋，冬六官分掌全國政事；其上設三公，三孤，（一）以備顧問；地方長官則有州牧，侯，伯。諸侯之國有卿、大夫、相。秦代中央三權分立：丞相掌民政，太尉掌軍事，御史大夫掌監察，地方官有郡守，郡尉，監御史，分掌三權；其下爲縣長，縣尉，分掌軍民之政。——此後歷代中爲三央建官分職之制，大概沿襲周，秦。漢代於中央設大司徒，大司馬，大司空，以代秦三權，是公。地方官有州刺史，郡守，國相，縣長。東漢移三公之權歸尚書省，魏移歸中書省，晉又移歸門下省。南北朝中央官制，除北周仿效周代外，其餘大都以門下省掌重權。到了隋代，尚書，中書，門下三省並重，三省長官俱爲宰相；地方官制多沿前代。唐三省以尚書權最重，其下設吏、戶、禮、兵、刑、工六部，分掌全國政務；地方官，道有按察使，州有刺史，府有都督。五代以樞密使掌中央重權。宋代中央四權分立：中書省掌政權，以同平章事爲宰相；樞密院掌兵柄；三司使(二)掌財政；御史中丞掌監察。路以安撫使爲地方長官，其下府、州、軍、監，各設知事。遼金大抵用宋制。元代以中書省掌全國重權，中書令爲長官，下置左右丞相；各行省皆設中書令及左右丞相，與中央同。明代鑒於元中書省權太大，因分其職於吏、戶、禮、兵、刑、工六部尚書，而集權於皇帝一人；設有職無權的殿閣大學士，以備顧問；另設都察院御史及六科給事中(三)司彈劾封駁之責。地方長官有布政使、按察使、都指揮使，分掌一省的民政、刑獄及兵馬。清以殿閣大學士爲宰相，世宗時，設軍機處大臣，平分大學士的職權；其下爲六部尚書，分掌國政，與明代同；另設都監院爲監察機關，以都御史爲長官。地方大吏：總督權最重，轄一省二省或三省的軍政大權(四)；其次爲巡撫，專轄一省；布政使、按察使，皆爲其屬吏，分掌一省的政務、刑獄。其下有分守、分巡等道，及知府、知州、知縣。民國廢君主，以大總統爲元首，三權分立：國會爲立法機關，內閣爲行政機關，大理院爲司法機關。司法脫離行政而獨立，始司軍政，省長司民政，高等審判廳，高等檢察廳司司法，而以省議會爲一省立法機關。此外，道有道尹，縣有知事。國民政府的組織，採委員制，推其中一人爲主席，就是中華民國的元首。他的下面，行政、立法、司法、考試、監察五院並立，各置院長一人，由國府委員充任。行政院設內政、外交、軍政、財政、教育、交通、實業等部，及蒙藏、僑務、禁煙、勞工等委員會。和五院並立而直隸於國民政府的機關，尙有軍事委員會、軍事參議院、訓練總監部、參謀本部，及全國經濟委員會、國立中央研究院、總理陵園管理委員會等。省以省政府掌行政，高等法院掌司法，監察使掌監察。省政府用委員制，其中一人爲主席，其餘委員分掌本省的民政、財政、教育、建設。此外市有市長，區有行政督察專員，縣有縣長，鄉鎭等自治組織，亦各有長。

註（一）周制天官冢宰，掌邦治；地官司徒，掌邦教；春官宗伯，掌邦禮；夏官司馬，掌邦政；秋官司寇，掌邦禁；冬官司空，掌邦土。是爲後世吏、戶、禮、兵、刑、工六曹分職之起源。又以太師、太傅、太保爲三公，少師、少傅、少保爲三孤，與天子坐而論道，不負政治責任。（二）三使司，卽度支、戶部、鹽鐵。（三）六部，卽吏、戶、禮、兵、刑、工。（四）清代轄二省的總督，如兩湖、兩廣、閩浙、陝甘；轄三省的總督，如東三省及兼轄江蘇、安

，徽江西的兩江。

三 軍備制

周初，天子設六軍。諸侯大國三軍，次國二軍，小國一軍。每軍一萬二千五百人，（一）兵，車，輜重皆全。民年二十歲到六十歲皆須徵調入伍，是爲我國徵兵制的起源。那時所用的軍器，不外是刀、戟、弓、矢之屬。春秋以來，各國任意擴充軍額，改變軍制，致造成混亂的局面。戰國時，趙武靈王好胡服騎射，我國才有騎兵。漢京師有南北二軍；州郡兵分三種：平地用車騎，山阻用材官，江海用樓船，是爲我國水陸軍分別之始。東漢更於邊境置度遼，黎陽，漁陽等營，又爲我國有邊防兵之始。晉武帝悉罷州郡兵，命宗室諸王得自置軍備，結果釀成八王之亂。東晉以來，州郡兵備特重，尤以京口江陵（二）二鎮的兵力最强，致又屢次發生鎮將逞兵篡國之事。北周鑒於前代兵制的缺點，特設府兵於京師，籍民爲兵，合得百府，分爲二十四軍，由六柱國統領，由刺史訓練。隋唐都用府兵制。唐於國中設六百二十四府以統兵，京師附近占二百六十一府。民年二十歲充兵，六十歲免，每年輪流宿值京師有事徵發事畢將歸中央兵散歸各府這樣兵不致爲將所利用這是中國兵制上一大進步。玄宗時，府兵制漸壞，於是招志願兵十二萬稱爲「彍騎」，爲中國行募兵制之始安史亂後，彍騎又廢，天子只有禁軍。而地方軍備，操在節度使之手，致演成藩鎭割據的局面。宋代禁兵寡弱，地方兵雖有廂軍、鄉軍、蕃兵、義勇四種，但多而不精。南宋兵士又都是臨時招募的盜匪和市井無賴，不堪一戰，趙宋一代，始終困於外患，這是一個重要原因。金兵精而多，幾乎全國皆兵。元代騎兵最精，編制用十進法，每十人爲一隊，稱十戶，以上有百戶、千戶、萬戶、直隸於元帝，極便統率。所以元代的兵力，所向無敵。民年十五以上，七十以下，皆隸軍籍，因此元代兵額極多。明代於京師至各地，置若干衞所兵，每五千六百人爲一衞，千一百二十人爲千戶所，百二十人爲百戶所。有事，命將調衞所兵出發，事畢，將與兵仍分散，猶有唐代府兵的遺法。淸代軍制分爲滿洲八旂，（三）蒙古八旂，又有漢軍八旂，稱爲綠營。中葉以後，旂兵綠營，皆腐敗不堪用。於是曾國藩練湘軍以平定太平軍，李鴻章練淮軍以平定捻軍，這都是鄉勇。淸末，張之洞仿德國兵制，創練自強軍於兩湖，同時袁世凱仿西洋制，練新建軍於天津小站，北洋陸軍就此產生。其後政府令各省編練新軍（四）

分常備軍，續備軍，後備軍三種；又大練海軍，設立兵工廠，製造新式兵器。可是甲午之役，一戰而敗，僅僅剩了數艘殘艦。民國陸軍，以清代新軍爲主幹，編制法稍有改變，初年有陸軍八十師，十三年後，南北軍隊共二百十師，警備等旅尚不計算在內。國民政府成立之初，以黃埔學生軍爲基本軍隊，北伐前後，收編各地方軍，才有八軍。及北伐成功，分全國陸軍爲八十四軍，二百七十二師，總數約在二百萬以上，這都是常備軍。海軍分第一，第二，第三，第四等艦隊，包括巡洋艦、砲艦、運輸艦、驅逐艦，共一百四十艘，約六萬噸。陸海軍之外，更創立空軍，近年以來，於中央設航空署，以爲管理全國航空的機關，設航空學校，以培植飛行人才；更發行航空獎券，集中資金，以購飛機。總計全國飛機，當在三百架以上。

註（一）周軍隊組織法：五人爲伍，五伍爲兩，四兩爲卒，五卒爲旅，五旅爲師，五師爲軍。（二）京江，今江蘇鎮江縣；江陵，今湖北江陵縣。（三）八旗，即正黃、正白、正紅、正藍、鑲黃、鑲紅、鑲藍、鑲白。（四）清新軍組織法：以十四人爲棚，三棚爲排，三排爲隊，四隊爲營，三營爲標，二標爲協，以步兵二協，騎兵砲兵各一標，工程兵輜重兵各一營，軍樂隊一排，組成一鎮，約一萬二千五百多人。民國改棚爲班，改隊爲連，改

標爲團，改協爲旅，改鎭爲師。軍樂隊改爲一連。餘皆相同。

四　刑法制

舜命皋陶制墨、劓、剕、宮、大辟（一）五刑，爲我國有刑罰之始。從此以後，周有髡、刖、桎梏、徒、流、（二）等刑，秦有腰斬、車裂、磔（三）等刑，漢有城旦、鬼薪（四）等刑，晉有梟首、棄市（五）、笞、箠等刑。南朝刑制多承晉代，北魏刑制屢有改易。至於我國法典，始於戰國時代李悝所著的法經。後來，蕭何增爲九章，北齊又增九章而成齊律，定杖、鞭、徒、流、死爲五刑。隋仿齊制作隋律，廢除梟首、轘裂等酷刑，定笞、杖、徒、流、死爲五刑。唐因隋律成唐律一書，增十惡之條及八議之設，死分斬、絞兩種，笞自一十到五十，杖自六十到一百，徒自一年到三年，流自二千里到三千里。此書不但爲唐以後歷代所沿用，且爲日本所效法。宋於唐五刑外，有刺配法（六）。遼定死、流、徒、杖爲四刑。金有擊腦、凌遲等酷刑。元明雖亦用唐五刑，但司法上都有缺點。元代執法，南人北人各異其制，未免不公；明代有廷杖大臣的惡習，中世以後，宦官專權，廠衛的私刑，尤稱慘酷。不過，明代所編的大明律一書，係依據唐律而成者，包括名例律、吏律、禮律、戶律、兵律、刑律、工律，至爲詳備；並規定人民不服地方官審判，得赴京師上訴三法司，（七）以昭愼重。是爲上訴制的起源。清初頒布大淸律，於唐五刑外，又增凌遲，（八）腰斬、梟示、戮尸、刺字、充軍等規定，未免慘酷。光緒時，政府命沈家本伍廷芳修改舊律，並參酌各國法律，編成大淸現行刑律一書，刪除凌遲等重刑，死刑至斬決爲止，改杖笞爲罰銀，無力繳銀者，折爲工作；又改充軍爲安置，這都比前代寬得多了。民國初年，就淸末之制稍加修改，成新刑律：死刑改斬爲絞，軍法則用槍斃。徒刑分有期，無期二種，無期徒刑終身監禁，罪僅次於死刑一級；有期徒刑視罪之輕重分爲五等。（九）此外有拘留、罰金、工作等。因司法獨立之故，於是自成一系的審判制度成立。自初級審判廳受判不服，得逐級上訴，經地方審判廳、高等審判廳，而至京師大理院，是爲四級三審制。各級且設有檢察廳，以爲實施偵查，提起訴訟的機關。國民政府所編法典，則有中華民國新刑法，民事訴訟法，刑事訴訟法等，大都以民國初年所頒的爲藍本，加以修改而成。有期徒刑廢除等級制，得隨時增減。並將四級三審制，改爲三級三審制：自初級法院受審不服，得上訴高等法院，至京師最高法院爲止。檢察不另設機關，附設檢察官於各級法院中。

註（一）墨，在面上刺字；劓，割鼻；剕，割足趾；宮，去生殖器；大辟，即死刑。（三）髡，去髮；刖，斷足；桎梏，縛手足；徒，服勞役；流，流放到遠方去。（三）車裂，用車輪曳手足致死；磔，分裂肢體。（四）城旦，在夜間築城；鬼薪，採薪給宗廟；皆輕刑。（五）梟首，棄市，即斬首示衆。（六）刺配法，刺字於面上，發遣遠

註（一）墨，在 即刑部、都察院、大理寺。（八）凌遲，即剮割。（九）有期徒刑，一等十年至十五縛手足；徒，服勞役；流，三等三年至五年，四等一年至三年，五等二月至一年。現行刑法廢除等級制，得減至間築城；鬼薪，採薪給十年。

五　貨幣制

相傳黃帝立珠、玉、黃金、刀、布為五幣，用以交易貨物，為我國有貨幣之始。周代立圜法，開始鑄錢，錢圓函方，是為我國有銅錢之始。秦代通行半兩錢，但太重。漢初鑄莢錢，重三銖，（一）又太輕。武帝改鑄五銖錢，輕重適中，民間稱便。王莽篡漢，定金、銀、龜、貝、泉、布六品為貨幣，錢制混亂，不久即告

滅亡。自漢到隋，民間貨幣以五銖錢最爲通行。唐初才廢五銖錢，鑄開元通寶錢，每十錢重一兩。高宗又鑄乾封通寶，爲錢幣用年號之始。嗣後諸帝鑄錢，分量不一，私鑄亦多，以致物價騰高。憲宗時，商賈爲免除攜帶的麻煩，將現錢存入京師進奏院及諸軍諸使富家，以券爲證，自己得以輕裝趨四方，隨時憑券取錢，叫做「飛錢」，是爲匯兌業的起源。五代及宋，銅錢之外並鑄鐵錢。蜀人嫌鐵錢重，另造紙券以代之，名曰交子，是爲我國有紙幣之始。宋政府設交子務的機關，嚴杜民間私造，並規定發行額爲百二十五萬六千三百四十緡。徽宗時，改名錢引，南宋又改名關子，會子。可是準備金既不充足，發行額却日增，政府又規定以三年爲界，交換新舊券，因此民間不願私儲，市面上只見紙券，不見現錢。結果紙幣之值日低。元代廢錢用交鈔，於各路設平準庫，以銀爲準備金；又立回易庫，許民間交換新舊鈔。世祖造中統寶鈔，每張票面自十文至二千文，凡十等。後又有至元寶鈔，至大銀鈔，至正交鈔等發行，但濫發無異於宋，到了末年，回易庫停閉，且有假造的交鈔，信用墜地，民生大受其害。明代幣制，鈔幣與銅錢並行。太祖造大明寶鈔，票面自一百文到一千文，凡六種。百文以下則用錢。錢的成分，文字形式，價值，皆有定制，是爲我國制錢名稱之始。歷朝皆有鑄造，尤以世宗時的嘉靖通寶最爲精工。到了末年，錢法紊亂，私鑄日多，價值因之日低。同時，寶鈔也因濫發之故，鈔價猛跌，幾成廢紙。結果物價大漲，民生困苦不堪。元明兩代的滅亡，說者謂濫發鈔幣，實爲其主因。清代貨幣，以制錢爲主。以順治通寶，康熙通寶最爲精工。與制錢相輔而行的，爲銀兩，有元寶馬蹄錠等種類，因其笨重，不便使用，實際上只用以作計算的標準。而西班牙本洋，墨西哥鷹洋，因中西交通之便，輸入中國，逐漸流行於市面。公元一八九〇年，清政府開始鑄造龍洋，並令各省鼓鑄，輔以二角，一角之小銀元。於是銅元代制錢而爲主幣。同時停鑄制錢，改鑄當十銅元，各省先後鼓鑄，銅元遂充斥於市面。繼銅元之後而發行的貨幣，便是銀行的鈔票。當時我國雖有中國通商銀行，大清銀行等數家之設立，但因我國境內已有外國銀行紙幣之發行，（二）遂使我國銀行鈔票，不能與他們並駕齊驅。民國以來，我國銀行業逐漸發達，鈔票發行的數目，較前激增，新銀圓和銅元亦屢有鑄造，流通市面，一時金融頗爲穩定。民國十八年，國民政府以中央造幣廠爲專鑄國幣的機關，二十二年，實行廢兩改元，確立新銀本位制。爲杜絕白銀外流起見，更於二十四年十一月，禁止使用銀幣，頒佈緊急命令，收白銀爲國有，代以中央中國交通三銀行的鈔票，定爲法幣；並另鑄二角、一角、五分之鎳幣，及一分之銅幣，爲輔幣。我國貨幣制經過這番改革以後就明白地形成國際化了。

註（一）一銖，重約一分八釐。（二）清代外國銀行最早成立於我國的，爲一八五七年的英商參加利銀行，其次爲一八六七年的英商滙豐銀行。

六 賦稅制

夏時一夫受田五十畝，以十分之一的收穫品爲賦，爲我國有田賦之始。商劃井田爲九區，每區七十畝，中間一區爲公田，外八區爲私田，借八家之力同耕公田，卽以其收穫品爲田賦。周代井田，每區百畝。賦稅分三種：其一卽田賦，叫做粟米之征，鄉遂用夏制，都鄙較遠之地用商制；其二叫做力役之征，人民每年爲國家服役三日，是爲我國有丁役之始；其三叫做布縷之征，每家按年繳納絹布若干，是爲我國有戶口稅之始。這都是正稅。秦代賦稅煩苛，人民不堪壓迫，便羣起而亡秦。漢代田賦屢次減低。田賦之外，以更賦爲力役之征，以算賦口賦爲布縷之征。漢武帝更徵收車船，畜產等稅，是爲後世雜稅之始。自晉到隋，行戶調制：計戶授田，計戶徵稅，所徵之物，不外粟、米、絹、帛，另加課役，徵額實比漢代爲重。到了唐代，爲劃一國家稅收起見，才規定租庸調法，租爲田賦，即地稅；調爲戶口稅，即丁稅；庸爲丁役：計丁授田，丁男每年納粟二石，這叫做租；每丁把本鄉所出的特產，如絲、棉、麻等物每年照定額繳納，這叫做調；每年給公家服役二十日，不願服役的，改納絹三尺，這叫做庸。安史亂後，戶籍失修，此法不能行。德宗時，宰相楊炎作兩稅法：一律照現居人民及他們的耕田計算，分夏秋兩季，用錢繳納，是爲後世錢糧上下忙之始。唐代又於廣州交州揚州登州等通商口岸，設置市舶使，以徵收貨稅，是爲後世海關之起源。宋代田賦丁稅，俱用唐兩稅法，所徵之物，不專輸錢，有金、鐵、穀、帛、畜產等等，丁役或出錢，或出力。元代賦稅，最爲複雜，江南用兩稅法，內郡用租、庸、調法。除庸爲力役外，其餘或徵錢，或徵物。明代徵收田賦，丁稅也用兩稅法，米、麥、錢、鈔、絹隨繳，丁役分兩種：力役出力，雇役出銀。明神宗時，把他們總括起來，一律折爲銀鈔繳納，是爲「一條鞭法。」這一來，納稅手續較以前簡便得多了。清代田賦，亦用兩稅制；徵收的手續，用明一條鞭法。康熙五十二年即公元一七一三年，更把丁役折銀之制廢除，從這年起，各省滋生人丁，永不加賦。

雍正元年又規定各省丁稅陸續攤入地稅中繳納，大約地稅銀一兩所攤丁稅至多二錢。於是自周以來相傳二千餘年之久的正稅，到這時只有錢糧——田賦一項了。從此無田之人，得免納稅之苦；就是負担田賦的地主，因稅率有規定，不會隨時增加的，這是中國賦稅制上的一種大改革。清代田賦之外，爲國家大宗收入的，還有鹽稅、海關稅及釐捐。鹽自漢代以來，與茶、酒、鐵等物，俱被政府視爲大利所在，加以壟權，不准民間私營，尤以鹽爲最重要。清代招鹽商承包，其辦法：鹽商向政府繳納鹽價鹽稅，領得引票(一)後，可向鹽戶購鹽，在政府指定的區域內銷售，是爲鹽引。海關係沿襲唐朝市舶使和宋元明三朝市舶司的遺法而設的。自從五口通商以來，新海關續有增設，但因受關稅協定的束縛，稅率不能隨意增加，不無影響於收入。和海關差不多性質的，便是設立於內地各口的釐卡，這是清政府當太平軍時，爲補充軍餉而設的，因爲徵收內地貨值的一釐，故名釐捐，從此釐卡成爲永久的機關。民國賦稅，大都沿用清制，更有煙酒稅、牌照稅、印花稅、牙稅、契稅等。民國二十年，國民政府才裁撤釐卡，提高關稅率，實行國定新稅則。二十五年，更頒佈所得稅暫行條例，實行徵收所得稅。(二)

註（一）引的數量各地不同通常以六百八十斤爲引（二）我國所得稅徵收的辦法分三類甲，包括公司、商號、行棧、工廠或個人資本在二千元以上營利之所得，及官商合辦營利事業之所得，一時營利事業之所得，其稅率自千分之三十到二百不等。乙，包括公務人員、各業職員薪資之所得，每月在三十元以上者，每十元收五分到二元，不滿五元者免，過五元以十元計。丙，包括債票股票及存款利息之所得，年收百分之五十。

七 學制

禮王制稱有虞氏養國老於上庠，養庶老於下庠。鄭註，上庠，大學也。下庠，小學也。是爲我國學校的濫觴。夏代又於鄉設校，爲我國有地方學校之始。不過那時候的教育，完全是一種倫理教育。到了周代，設學益多，京師有辟雍，成均，地方有庠序，家塾，諸侯之國則有學。民年八歲入小學，教以洒掃、應對之節，禮、樂、射、御、書、數之法；十五歲入大學，春秋教以禮樂，冬夏教以詩書。教學方法才和以前不同。春秋以來，私人講學之風大盛，孔子以詩書禮樂設教，門弟子多至三千人。秦代焚書坑儒，根本談不到教育。到漢武帝時，才興建太學，置五經博士，和弟子員，其學科以明經爲主，更於州郡設立庠序之學，各置經師一人，司教授之責，主要科目爲孝經。晉改太學爲國子學。南朝宋文帝又立史學、文學、玄學、儒學等四學，是爲我國有專科學校之始。梁武帝又興太學，以詞章爲主要科目。同時北方的胡主，也能注重教育，建立學校，延聘漢人爲師，以經學爲主要科目，和南朝不同。隋唐皆設國子學太學，唐代更有律學、書學、筭學及弘文館崇文館等之設立。當時日本高麗新羅吐蕃多派遣子弟來留學。地方學校，以私立衡州石鼓書院爲最著。五代學校荒廢，只有私立的河南嵩陽書院，廬山白鹿洞書院；和宋代的河南應天府書院湖南嶽麓書院，有四大書院之稱。宋代學校頗爲發達，京師有國子學、太學、武學、律學、筭學、醫學、畫學、書學，太學生多至三千八百人。仁宗時，安定胡瑗在湖學教授弟子，尤能注重學風，創立學規，分經義治事二齋，頗爲政府所採用。神宗分太學爲外舍、內舍、上舍三級，定月試歲考之法，畢業者得依次遞升。地方教育，自仁宗時通令各州縣設立後，非常興盛，而書院設立之多，尤爲歷代所僅見。此等書院，多爲名儒講學之所。遼金元於京師及地方，各有學校之設立。明代以國子監爲最高學府，祭酒、司業爲教官，國子監生有廕監、舉監貢監三種科目分經學書數律令等有月試季考以積分法定升降優等者得補官但其後平民得捐貲入監，流品混雜，而開此後捐班之風。地方教育除專授武技的武學及爲平民而設的社學外，以府、州、縣等儒學爲最重要，各設教授（府）、學正（州）、教諭、訓導（縣）爲教官。每年由本省教官考取本地童生，使入學讀書，叫做諸生，其成績優異者，由學中供給廩膳，叫廩生；總稱生員。清代國子監及府、州、縣等儒學，辦法與明代同；又有義學、私塾，爲訓蒙之所。雍正時，通令各省設立書院，於是書院代儒學而負地方教育之責。同治以後，漢大臣曾國藩鑒於科舉人才之不切實用，爲適應環境的需要，除派學生出洋留學外，於國內各地，設立專門學校，（一）培植人才。光緒末年，設京師大學堂，以代國子監，爲全國最高學府。同時，各省府縣的書院，紛紛改設學堂。（二）西洋科學如物理、化學、生物學及法律、政治、經濟等，絡續輸入中國，列爲學校教科。教學方法，也大爲改變。光緒二十九年，清政府頒布奏定學堂章程，（三）實爲現代中國學制的基礎。分全國學校爲初等教育、中等教育、高等教育三級。光緒三十一年，澈底革除科舉，設立學部於京師，爲全國最高教育行政機關。民國成立，改學部爲教育部。民國十七年，國民政府曾一度行大學區制，以中央的大學院爲全國最高教育行政機關，但不久仍恢復教育部。至於教育宗旨，因時代潮流的變遷，迭有改革：民國以前的學校教育，專以造就通才爲宗旨；民國元年以來，才注重國民教育；民國十一年後，以適應個性爲主；民國十八年，國民政府統一中國以後，才確定以三民主義爲目的的教育。因教育宗旨的改變，學制跟着修改了三次。（四）學校教科，也不能無變遷了。

註（一）同治以來設立的專門學校：如北京同文館，天津中西學堂，醫學堂，武備學堂，上海廣方言館，機器學堂，南洋公學，福建船政學堂，南京和廣東的水師學堂，湖北工業學堂，武備學堂，湖南時務學堂，杭州求是書院等。（二）省立書院，改爲高等學堂；府立書院，改爲中學堂；縣立書院，改爲小學堂。（三）奏定學堂章程的學制系統，以蒙養院爲最低級，循序而上，初等小學堂五年，高等小學堂四年，中學堂，師範學堂，中等工農商學堂各五年，高等學堂，大學堂預科，優級師範，高等工農商學堂各三年；大學四年，通儒院五年。（四）民國元年所定學制系統：七歲入小學校，十一歲入高等小學校，或乙種實業學校，十四歲入中學校，或甲種實業學校，或師範學校，十八歲入大學，或高等師範，或專門學校，二十四歲大學畢業。民國十一年所定學制系統爲三三制：幼稚院爲最低級，六歲入初級小學，十歲入高級小學，十二

歲入初級中學或職業學校，十五歲入高級中學或師範科，十八歲入專門學校，廿一歲畢業，若進大學校，廿四歲畢業升大學院。民國十八年所定學制系統表各級名稱及學齡，均與前同。在初等教育中有補習學校，在中等教育中有補習學校，初級職業學校，簡易師範學校，師範學校，高級職業學校，並改大學院爲研究院。

八　考選制

我國歷代登用人才的方法，不外考試和選舉兩種。據禮記王制中所說周代考選制度，很是詳密。先由鄉大夫選本鄉優秀的士子，呈報司徒，稱爲選士；司徒又擧選士中的優秀者，升入國學，稱爲俊士；選士，俊士學業成就者，叫造士；更由大學正擧造士中的優秀者，呈報司馬，稱爲進士。於是司馬論定其材而授以官職。其考選標準，以德行六藝（一）爲主。秦代考選制，一無可述。到了漢代，用「鄉擧里選制」，有賢良方正、博士弟子、及孝廉等科。賢良、孝廉二科，係地方官奉皇帝之命，擧本地有行誼學問爲鄉里所推重的人，呈報上去，以備皇帝錄用，這是不時擧行的。博士弟子的選舉，係常常舉行的。弟子向博士受經一年，舉行考試，通一經以上，就可補官。但是這種制度，後來不免發生請托的流弊。魏文帝時，陳羣創「九品中正法」以取士，於州設大中正的官，於郡縣設小中正的官，先由小中正把本地人才的優劣，分爲九等品級，（二）呈報大中正；大中正核實後，送到司徒，司徒覆核後，交吏部尙書錄用。晉代錄取人才，沿用魏制，但是到了後來，選政握在世族之手，請托之弊仍不免發生；做中正的，可藉此勾結中央權貴，位置私人，一班寒士，始終無望，致成「上品無寒門，下品無世族」的現象。南北兩朝，錄用人才，兼採漢的鄉擧里選制和魏晉的九品中正法。到了隋朝，才廢中正，用考試制，設進士科。士子不論世族、寒門，都得赴京應試。所試科目，有詩賦、策論。這一來，眞正的人才，得以登進，而科擧制度，遂爲歷朝所沿用。唐除制科（三）外，由州縣官保送入京應試的，叫鄉貢；由國學、弘文館卒業應試的，叫生徒；一同會試於禮部，以定去取，有秀才、明經、進士、明法、明書、明算等科。考試科目，有策、詩賦、帖經、律令、書法、算術及口試、墨義，其中以明經、進士二科，應試的人最多。武后時，以武技取士，這又是後世武擧的起源。宋代取士的科目雖多，但以進士科爲最盛，試目，經義、詩賦並行，每三年擧行一次。遼、金、元對於科擧也很注重，詩賦經義之外，兼試策論。到了明代，科舉制度更爲周密。考試科目，有制義、（四）論、策、表、判、詩、賦。考試的程序，分鄉試、會試、殿試三種。每逢子、午、卯、酉之年的秋季，考試本省生員於省城，中式者稱舉人；辰、戌、丑、未之年的春季，各省舉人會試於京師禮部，叫會試；中式者又試於太和殿，叫殿試，分三甲：一甲只三人，狀元、榜眼、探花；二甲三甲各若干人，皆稱進士；分別授職。清代沿襲此種制度外，又曾一度舉行特科，如康熙時的博學鴻儒科，雍正時的賢良方正科，乾隆時的博學鴻詞科，光緒時的經濟特科。到光緒三十一年，才把科舉制度正式廢除。民國以來，考選制度，分別進行。民衆方面，有各省縣舉行的議員選舉；政府方面，有高等文官、警官、法官等考試的舉行，國民政府政治機構中，考試院卽居五院之一，其下附設考選委員會，專司全國考選事宜。近年以來，中央舉行高等公務人員考試，各省舉行縣長考試，各省、市學校又有畢業會考之舉行，可見政府對於考選的重視了。

註（一）六藝卽禮，樂，射，御，書，數。（二）九品卽上上，上中，上下，中上，中中，中下，下上，下中，下下。（三）制科，天子親自策問，以待非常之士，不常舉行的。（四）制義，卽八股文，專就四書五經中命題，語氣必須仿照古人，體用排偶，有一定的程式。

第二章 學術

一 文字學

相傳遠古未有文字的時候，我國先民，結繩或畫八卦以代文字。到黃帝時，倉頡才依類象形而作文字——所謂六書（一）也稱蝌蚪文字。周宣王時，太史籀改古文的形體而作大篆。後來秦始皇命李斯減省大篆的筆劃，成爲小篆；又命程邈作隸書，使更趨簡易，令全國通行。漢代初年，又有人製作漢隸，其後演變而成八分書，是爲楷書的起源。由八分書演變而成眞正的楷書，起於魏晉時代的鍾繇。楷書又稱眞書，和篆書，隸書，草書，並稱爲中國四大書體。草書創於東漢的史游，一說起於秦末。介乎楷書草書之間的書體，叫做行書，創於東漢劉德昇。又有筆勢飛舉而中空

殷虛文字

的，叫做飛白書，創於東漢蔡邕。以上所說的，都是古代字形變遷的經過。字形既有變遷，字數也跟着時代的需要而增加。(二)字的意義和聲音，便不免發生錯誤了。因此古代人對於訓詁之學和音韵之學——即字義和讀音，非常研究。關於訓詁的書籍，代有作者：如周公作爾雅，李斯作倉頡篇，漢楊雄作訓纂篇，東漢許愼作說文解字，晉呂忱作字林，北魏張揖作廣雅，梁顧野王作玉篇，唐曹憲作博雅，五代徐鍇作說文繫傳，明梅膺祚作字彙，清陳廷敬作康熙字典，都是。其中說文解字，把大篆、小篆和隸書並列一起再用六書分類法，剖析每字的形狀、意義，極爲淸楚。此書一出，不但給當時學者以研究經學的便利，且爲後世研究小學——即文字學者的工具。清代經學大師如戴震、朱筠、段玉裁、江聲、王筠、孫詒讓、兪樾、章炳麟，無不研究小學，都有著作行於世。本來，漢人著書，只說某字讀如某，不甚確切。三國時，孫炎

大篆

才創反切法，以二字相切而成一音，從此讀音才有標準。後來梁沈約又分別字音的輕重高低，創平、上、去、入四聲。隋陸法言便依聲定韻，著切韻一書，凡二百六韻；唐孫愐重爲刋定，改名唐韻；宋眞宗時，又重修，改名廣韻。此書自隋到宋，風行六七百年，不愧爲權威之作。宋代韻書著作極多，如集韻，禮部韻略，（三）五音集韻，等雖韻目逐漸減併，但都不出廣韻的範圍。元代陰時夫併省韻目爲一百六部，是爲後世通行的詩韻之始。明代洪武正韻又依據禮部韻略而成者。切韻之外，又有等韻、古音、曲韻。等韻是依據唐僧守溫所定三十六個字母（四）發音而成的，宋人所著切韻指掌圖、四聲等子，都是關於這一類的書；古音之學，創於南宋吳棫，他發明通叶二例以讀音；曲韻創於元代周德清，依據北方音而分韻，這是專爲作曲的人而製的。到了清代，顧炎武、戴震、江永、陳澧、鄧漢勛、段若膺、章炳麟等，對於切韻、等韻、古音都分別做過研究的工作。清代末年，一班學者為要統一國內的語言和文字，便有各種字體之發明。（五）到了民國初年，吳敬恒等才創立「注音字母。」這種字母就是增減守溫三十六字母而成者，經教育部公布，令全國通行以為讀音的標準。近年來，語文學者鑒於土

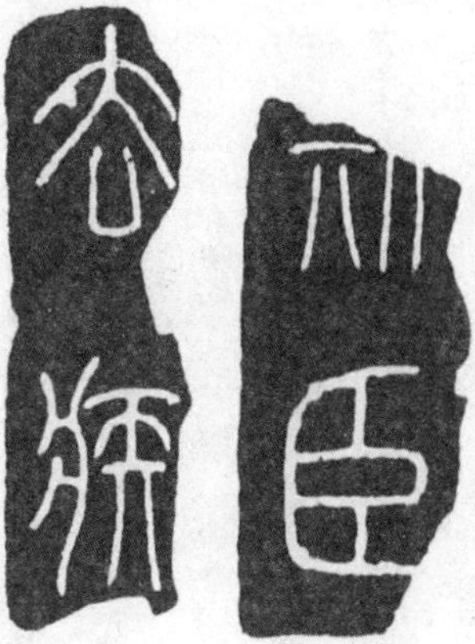

小篆

耳其、蘇聯等國推行拉丁字的成效，正在倡導以拉丁字母拼音的新文字，其功用也已十分顯著了。

註（一）六書，即象形，指字，會意，形聲，轉注，假借。（二）中國文字的數目，秦代只有三千三百字；許慎著說文，收字九千三百餘；廣雅收字一萬八千餘；玉篇收字二萬二千七百餘；切韻收字一萬二千餘；廣韻收字二萬六千餘；洪武正韻收字三萬餘；康熙字典收字四萬餘；中華大字典，收字四萬八千餘。

（三）禮部韻略，卽平水韻。（四）三十六字母，卽見、溪、羣、疑、端、透、定、泥、幫、滂、並、明、非、敷、奉、微、知、澈、澄、娘、精、清、從、心、邪、照、穿、牀、審、禪、曉、匣、影、喻、來、日。（五）如盧戇章著中國第一快切音新字，王照著官話合聲字母，勞乃宣著簡字全譜。

二　哲學

春秋戰國時代，由於封建制度的動搖，和民衆生活的艱苦，思想界大爲活躍。所謂諸子百家，六家九流，（一）就勃興於當時。其中最占勢力的，當推儒、道、墨、法四家。儒家的鼻祖，爲魯國人孔子——孔丘，他主張維持禮教，改進民衆生活，其政治思想，以世界大同爲鵠的；傳他學說的，有孟軻、荀卿。道家的鼻祖，是楚國人李耳——老子，他反對虛僞的禮教，主張淸靜無爲以治民；傳他學說的，有莊子。墨家的鼻祖，是宋國人墨翟，他反對戰爭和奢侈，主張兼愛節用；傳他學說的，有宋鈃、尹文。法家的祖師，是韓國公子韓非，他主張上下一致，必須守法不阿。這四家學說影響後代政治最大的，當推儒法兩家。秦始皇抑儒崇法，漢武帝則竭力崇儒，罷黜其他百家的學說，從此以後，中國思想界，就給儒家的勢力支配着。到了宋代，由於社會上道教佛教盛行的影響，和書籍流傳的廣泛，思想界逐漸解放；一向專在經籍上埋頭致力的儒者，變爲「出入佛老，反求六經」的態度了。因而有理學之產生。宋代著名的理學大師，有濂溪人周敦頤、洛陽人程顥、程頤、關中張載以及集理學大成的南宋初年閩人朱熹。這就叫濂洛關閩四派。四派學說，微有不同：大抵敦頤主張存心養性，程顥、程頤都是他的弟子。二程個性也不同：顥偏於佛，不重讀書而重身體力行；頤偏於儒，主張讀書窮理以盡性。張載主張知禮成性，變化氣質，又是一派。朱熹則是程頤的四傳弟子，他主張窮理以致其知，反躬以踐其實。和他同時而主張不同的，就是陸九淵。九淵以爲心卽理，主張用直覺法觀察事物，不必在書本上用功夫。同時還有浙東人呂祖謙、陳亮，主張研究經世致用之學，不要專談空泛的心性，這一派叫做浙東事功派。南宋以來，程朱派流傳最盛，門弟子也最多，但末流不免拘謹迂腐。直到明代中葉王守仁出，才主張致良知及知行合一之說；就是把本來的良知擴大起來，卽知卽行的切實去做，便合於理；比陸九淵的心卽理說，更進一層，稱爲「王學」。但是因爲王學太注重個性，輕視禮教，到了明末，又發生疏狂的弊病了。明末以來，程朱派、陸王派和事功派，分別流傳，（二）其實都無特色可言。清代中葉以後，西洋哲學思想，不斷的輸入，（三）而中國固有的哲學，反而不爲思想界所重視了。

註（一）漢司馬遷分周末學術思想爲陰陽、道、儒、墨、名、法六家；劉歆又加上縱橫、農、雜，共爲九流。（二）明末清初，程朱派如陸隴其、湯斌等；陸王派如孫奇逢、李顒等；事功派，如顏元、李塨。（三）清末以來，我國人翻譯西洋哲學的書籍，如嚴復譯赫胥黎著的天演論，馬君武譯達爾文著的物種原始，張東蓀譯柏格蓀的進化論。民國初年，美國哲學家杜威來我國講學，主張實用主義，以實際上的效果爲決定眞理的標準。

三　經學

我國經學的基本書籍，有易經、書經、詩經、禮記、春秋的五經，加上樂記爲六經；再加上周禮、儀禮、公羊傳、穀梁傳、左傳、孝經、爾雅、論語、孟子一類的書，蔚爲經籍的大觀。其中以書經的產生爲最早，書經是中國第一部政治史；易經是中國最早的一部哲學書；詩經是中國最早的一部韻文書；

禮記是記載中國古代政教的一部雜書，一說是漢儒的作品；春秋名為魯史，其實是東周前半期的歷史。這五經經過孔子的修訂和編刪，便成為古代經籍的權威作。自孔子死後，由他的弟子分

孔子

別傳授下去。到了秦代，民間經籍被始皇燒的燒，禁的禁，殘缺不全；據傳說咸陽宮中僅存的經籍，也被項羽付之一炬了。當時一班儒生，蟄居山林中，到漢代初年，才口頭背誦出來，叫旁人記錄。記錄的字體，都用隸書；和後來從山岩屋壁中掘得的先秦經籍，（一）都是古文的不同。這一來，漢代經學界，發生了今文（指隸書）經籍和古文經籍之爭。就是一樣的今文經籍中，也因師說之不同，派別紛歧。（二）今文學者，藉口微言大義，排斥古文經為偽造，終西漢之世，今文五經

在政府中都設置博士和弟子員，傳授其說。古文經籍，不免有向隅之恨。東漢時代，民間古文經學大師，先後輩出，如賈逵、馬融、許愼、鄭玄，皆博通訓詁，長於考據，尤以鄭玄最爲傑出。玄注釋羣經章句，兼採今古文之說，一時門弟子達數千人。東漢經學，遂臻極盛。魏晉時，王弼、王肅始以義理說經，但多僞造。於是北方經學宗鄭，南方經學宗二王。後來唐太宗命孔穎達撰五經正義，把鄭注擯棄不用，由是士宗一義，經無異說，經學因之漸衰。宋代學者對於大學、中庸、論語、孟子，極爲推重，稱之爲四書；而朱熹等注經，不斤斤於漢儒的考證，用主觀的態度闡發義理。到了明初，因程朱派理學盛行之故，政府所編訂的四書大全、五經大全等書，概用程朱的注傳；攷試全國士子，也必須以程朱之說爲標準。中葉以後，學者著書，頗從事攷證。到清初顧炎武、惠棟、戴震出，才嚴守漢儒家法，博採羣書以解經，於是以考據爲主的漢學大盛。但是所謂漢學，當然包括今文學、古文學兩種。清代中葉以來，崇奉微言大義的今文學，因莊存與、劉逢祿的提倡日趨興盛。今文學者，都把公羊看作聖經，康有爲甚至拿了公羊三世之說來作淸末革新政治的動機，（三）這一點是值得注意的。

註（一）先秦，卽秦以前。古文經籍：如費氏的易經、晉恭王的書經、周官、河間獻王的詩經、逸禮、張蒼

的春秋左氏傳。（二）西漢時代，今文五經分十四家：詩有魯申培公、齊轅固生、韓嬰三家；書有歐陽生，夏侯建、夏侯勝三家，同出於伏生；禮有戴德、戴勝二家，同出於高堂生；春秋有嚴安樂、顏彭祖二家，同出於董仲舒；易有京房及施讎、孟喜、梁丘賀三家，這三家俱出田何。（三）公羊三世即所見世、所聞世、所傳聞世與禮記中據亂、升平、太平三世之說相彷。康有爲以爲春秋時代，政治和社會的變動，是合於時代進化的原則，因此推究清末危亂的局面，實有改專制爲民主的必要。

四 史地學

自堯舜到周，歷代有典、謨、訓、誥之作，載在尚書中，實爲我國最早的史書。春秋時代，各國都立史以記事，尤以魯史春秋最稱良史。春秋爲孔子所修，以事繫日，以日繫月，以月繫年，是我國編年體歷史之祖。左邱明、公羊高、穀梁赤更依據春秋而作三傳（一），是爲紀傳體之祖。邱明更作國語，和後來漢人劉向所作的戰國策，都是分國爲史，別有體裁。到了漢代，太史公司馬遷作史記，上起黃帝，下訖漢武，創本紀、世家、列傳、表、書等體例，爲後世史家所採用，開我國正史的先河。東漢班固仿史記而作漢書，又爲斷代史的開山。從此以後，斷代史的作品，歷代都有：如晉陳壽作三國志，宋范曄作後漢書，梁沈約作宋書，蕭子顯作南齊書，北魏魏收作魏書。唐代作家更多：房玄齡作晉書，令狐德棻作周書，魏徵作隋書，姚思廉作梁書陳書，李百藥作北齊書，李延壽作南史北史。後晉劉昫作舊唐書，宋薛居正作舊五代史，歐陽修作新唐書新五代史，元托克托作宋史遼史金史，明宋濂作元史，清張廷玉作明史。此等書與史記漢書，合稱二十四史，皆經政府規定爲正史。民國又有以膠州柯劭忞所作之新元史加入爲正史者。清史館編印的清史稿，雖未列爲正史，却具有正史的體例。正史中，好的固然多，不能滿意的也不少。(十一)編年體之著者，春秋之外，則有宋司馬光的資治通鑑，上起戰國，下訖五代，文嚴事確，羣推爲不朽之作。南宋朱熹著綱目，仿春秋體例，以綱爲經，以目爲傳，和清代的續資治通鑑，御批歷代通鑑輯覽等，都是編年體的名著。至於融貫紀傳、編年兩種體例而爲一者，叫做紀事本末，係創於宋袁樞的通鑑紀事本末；以後各朝都有紀事本末的作品。紀傳編年和紀事本末外，又有一種通史體，其內容不專囿於政治，如唐杜佑著通典，詳敍掌故；宋鄭樵作通志，兼敍政治掌故；元馬端臨又以通典爲藍本而作文獻通考，稱爲三通；加上後來清代著的續通典、續通志、續通攷、清通典、清通志、清通攷，有九通之稱。清代史學最爲發達，一般經學大師，把考據的功夫用到歷史上去，便成就了許多名著，如王鳴盛的十七史商榷、趙翼的廿二史劄記、錢大昕的廿一史考異，崔述的考信錄，都爲後人所推崇。他如黃宗羲著宋元學案、明儒學案，爲我國有學術專史之始；章學誠著文史通義，和唐劉知幾著的史通，又爲我國專論史法和體例的名作。輿地學，我國向不發達，最早的地理書，只有尚書中一篇禹貢；最早的地圖，只有晉裴秀的一幅禹貢

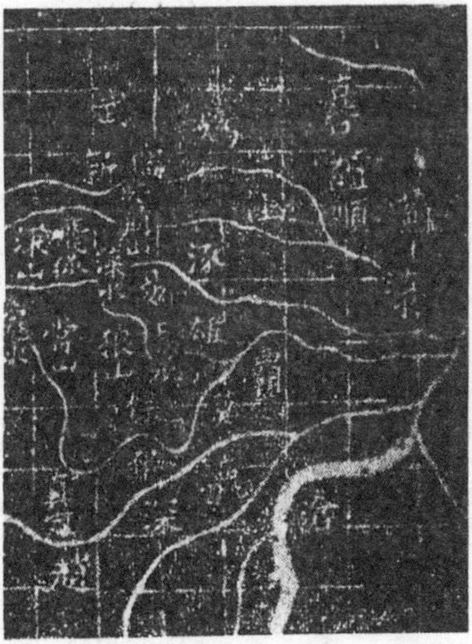

裴秀作禹貢地域圖

地域圖。從此以後，簡直找不出一種完善的輿地圖書。直到明末清初，因西洋天主敎士之來華，輸入世界輿圖，我國輿地學才稍稍興起，如顧祖禹著讀史方輿紀要，胡渭著禹貢錐指，胡林翼繪大

清一統輿圖，鄒代鈞繪中外輿地全圖，楊守敬繪歷代疆域沿革圖，都是。現代坊間所出的地圖，大抵根據於此。而最近丁文江、翁文灝等所著的中華民國新地圖，注重地質、人文，尤有價值。

註（一）春秋三傳，卽公羊傳、左傳、穀梁傳。（二）二十五史中，史、漢固屬佳作，三國、後漢、北史、隋書、新唐、新五代、明史、新元史，亦皆爲人所推崇。他如晉書崇尚浮說，魏書有「穢史」之目，宋史立傳失當，元史蕪雜舛錯，後人頗有所訾議。

五　文學

先秦時代文學，脫不了經、史、子一類的書。除詩經爲純粹韻文外，其餘大都爲散文。其文或飄逸，或富麗，或奇峭，或高古，皆足爲後世散文樹立典型。詩經係搜集商周時代的郊廟樂章及民間歌謠而成者。但在詩經之前，已有卿雲、南風等歌謠，在詩經之後，有戰國時代楚人屈原、宋玉等所作的楚辭，這又是後來漢賦體裁的開山。秦及西漢散文風格，不出先秦諸子，賈誼、董仲舒、司馬相如、司馬遷、劉向等可爲代表。其中也有兼治詞賦的。西漢以後，漢賦盛行，張衡、左思最稱能手。但他

屈原

杜甫

們的作品，專事堆砌，毫無文學興趣，魏晉以來，作風更趨華麗，崇尚排偶，六朝的駢體文，由是成立。其實漢賦和駢體文，都是韻文的一種。和他們同時並行的韻文，還有詩。當漢武帝時，已有五言詩和七言詩的創作。（一）武帝特設樂府的機關，命音樂家李延年採集詩歌，被之管弦，是爲帝王提倡詩學之始。東漢末年以來，曹氏父子、建安七子、潘張二陸、徐庾鮑謝，（二）雖然都做得一手好詩，究不脫哀感綺麗之習。其間只有陶淵明的作品，最爲冲淡自然，可稱得是當時的佼佼了。到了陳隋，風格愈趨卑靡，和駢體文犯着同樣的弊病。唐初，號稱四傑的王楊盧駱和號稱大手筆的燕許二公，（三）對於詩文作風，都不能有所改革。中葉時，文章鉅子韓愈柳宗元崛起，才竭力提倡復古，排除駢儷，其文雄深雅健，卓然成家。至於詩的格律，也已由單純的五七言，演變爲嚴整的五七言律絕了。盛唐時，詩仙李白詩聖杜甫，最負盛名，李詩縱橫佚宕，杜詩沈鬱頓挫，爲此後中國詩的兩大宗派。中唐時，韓愈用古文筆法做詩，戛戛獨造；白居易作品平易入俗，又別成一派。詩文作風雖經唐代一番改革，可是駢儷綺靡之習，到唐末五代，依然如故。宋代歐陽修、王安石、曾鞏、及蘇洵、蘇軾、蘇轍等競作古文，古文才大盛。他們

蘇軾

和韓柳就被後人稱爲「唐宋八大家。」同時，宋代詩家如蘇軾、黃庭堅、陸游、范成大等作品，大都脫胎於唐人，尤以黃的奇峭高古，別有意境，爲宋詩的中堅。但是，宋代文學的特色，不是詩文，却是由詩句解放而爲長短句的詞。詞的作品，開始於中唐時的小令，經五代到宋，才有長調，當時歌唱

都用詞，詞便因之大盛。溫庭筠、李煜、柳永、晏殊、李淸照、朱淑眞等，都是哀婉一派；蘇軾辛棄疾等都是豪放一派；吳文英、周邦彥等，都是濃麗一派。到了金元時代，因爲音調的複雜，而詞又不合於歌唱，逐漸蛻化而爲曲，有北曲南曲之分。北曲始於金而盛於元，字多而調促，董解元、王實甫的西廂記，可爲代表；南曲始於元而盛於明，字少而調緩，高則誠的琵琶記，可爲代表。——南曲到明末演變而爲崑曲。北曲作風的背景，就由於蒙人文化程度低陋，不能閱讀艱深的作品，因此章回體的通俗小說演義，跟着時代的需要而產生，明代施耐庵的水滸傳可爲代表。而羅貫中的三國志演義，尤爲家喻戶曉之作。總之，金元明的文學，除曲和小說最有價値外，餘皆無可稱述。所能差強人意的，也不過元好問（金）薩天錫（元）高啓（明）等有數詩人，及追隨唐宋八大家遺風的歸有光（明）罷了。到了淸代，各派文學都臻極盛：方苞姚鼐的桐城派古文，以義法爲標榜，和惲敬的陽湖派古文對立，倒底都不脫宋文的窠臼。又如淸代前半期的詩家吳偉業、王士禎、袁枚、蔣士銓、趙翼、洪亮吉等，大都宗唐；後半期的詩家，除樊增祥易順鼎外，他如曾國藩、江湜、金和陳三立，陳衍等，又大都宗宋。雖有陳維崧、朱彝尊、納蘭性德等詞人，他們的作品也不過摹倣五代南宋罷了。雖有孔尚任的桃花扇，洪昇的長生殿等傳奇，可是詞句文雅，不能像元曲的大衆化了。雖有胡天游、邵齊燾汪中等的駢文，但只可用以歌功頌德，是已不切實用了。總之文學到了清代，盛極而衰，成為「強弩之末」了。只有小說一項，如曹雪芹的紅樓夢，吳敬梓的儒林外史等，不愧傑作。

自從清末西洋文藝思想輸入以來，加上民國初年文學革命運動發生，我國文學作風便和以前劃一時期，不論詩文、小說、戲劇等等，一律出之以通俗語體。舊文學漸被淘汰，社會上已充滿着語體作品了。因此對於歷來文學革新有功的梁啓超、胡適、周樹人諸巨子在文學史上是值得大書而特書的。

註（一）五言詩起於蘇武李陵及古詩十九首，一說起於東漢時代。七言詩起於漢武帝的柏梁台詩。曹氏父子，即曹操，曹丕，曹植。（二）建安七子，即孔融，阮瑀，王粲，陳琳，劉楨，應瑒，徐幹。潘陸等為潘岳，張華，陸機，陸雲，徐陵，庾信，鮑照，謝脁，謝惠連。（三）四傑，即王勃，楊炯，盧照鄰，駱賓王。燕國公即張說，許國公即蘇頲，當時朝廷大製作，多出其手，稱燕許大手筆。

六　科學

我國科學重要的發明，最早的可算是太陰曆。太陰曆爲黃帝的臣子容成所發明，一說在黃帝之後。其法以月的一度盈虛作爲一個月，積十二個月而成一年，把地球繞日一周的日數推算起來，每年要多十一天。爲求兩者符合起見，規定大約每三年中置一閏月，是爲「積餘分以置閏」。當時人因爲要推算日月運行的時差，所以對於算學很有研究，周髀算經、九章算術大概都是漢代人作的，已經說到勾股法和方程算法了。但是推步曆算不能無誤，因此東漢張衡製渾天儀，以測日月的運行，又製候風地動儀，以測地震。從此以後，天文曆算家接踵而起，如隋唐時代的李淳風，僧一行等，皆有天文儀器的製作。我國計算的工具，本用籌排列的，叫做籌算。唐玄宗時，筆算法才從西域傳入。還有一種珠算，據說發明於東漢，經過幾次改造之後，才成爲現在通行的算盤。明末，西洋天算之學由天主教徒瑪利竇等介紹，傳入中國。當時大臣徐光啓竭力加以研究。他把研究曆、算、天文的心得，著之於書，又改正中國曆法的錯誤不少。清初，我國天算學者如王錫闡、梅文鼎、華衡芳等，皆能融會中西方法，成一家言。清末以來，我國學者又翻譯了西洋自然科學的書籍，貢獻國人，從此國人對於自然科學，才感到興趣，設學研究，實地試驗。（一）同時因外國學者在我國境內發掘古物，迭有驚人的發現，（二）我國考古學也就大盛了。

註（一）如地質調查所完全研究地質外，中國科學社，國立中央研究院，國立北平研究院等，研究自然科，都立有專部。（二）公元一九〇二年，匈牙利人斯坦因博士（A. stein）在新疆甘肅境內發掘得兩漢魏晉時代的木簡，自三四枚至千枚不等；又和法人伯希和(P. Pelliot)在敦煌千佛洞石窟發現六朝及隋唐時代人寫的卷子數千本，及波斯突厥的文字。一九二三年，法人德日進(Teilhord de Chardin) 在寧夏陝西境內發見的石器時代遺物；同時瑞典人安特生(Anderson)在中國北部發見新石器時代的石器、獸骨等。

七 美術

我國美術，分書法、繪畫、音樂、雕刻四種，分述如下：（甲）書法。我國書法，向來以楷書爲正宗。

魏晉時，衛瓘、鍾繇、衛夫人、王羲之等，俱擅長此體，尤以羲之的楷書秀麗高渾，自成一派；與其子獻之，並稱二王。南北朝時，書法分爲南北兩派：南派宗二王，最宜書帖；北派雄奇方樸，最宜於鐫刻石碑，故有魏碑體之稱。隋唐政府皆獎勵書法，設書學博士，以書法取士。當時楷書家如歐陽詢、虞世南、顏眞卿、柳公權等，書法或以肥重見長，或以挺拔爲高。他如張旭、僧懷素的草書，李邕的行書，李陽冰的篆書，也都不愧爲名家。到了宋代，蘇軾、黃庭堅、米芾、蔡襄四大書家的作品大都以自然流動爲主，一反唐人方整板重之習。後來元代的趙孟頫，明代的文徵明、祝允明、董其昌出，書法益趨於嫵媚遒麗，爲後世所推重。清代包世臣鑒於宋以來的書法大都淵源於帖學，便竭力提倡碑學，因此風氣一變。此後鄧石如、鄭燮、趙之謙、李瑞清等，皆擅長碑體；他如劉墉、翁方綱等之楷書，王澍之篆書，亦頗有名。（乙）畫學。戰國時，我國已有壁畫。自從東漢以來，印度佛畫輸入，中國畫受其陶融，才有藝術的價值。晉顧愷之、宋陸探微、梁張僧繇，都以山水人物見長，尤以唐人吳道玄首屈一指，合稱爲「畫家四祖」。和道子同時的，有李思訓和詩人王維，李長於金碧山水，爲北派之祖；王長於破墨山水，爲南派之祖，且爲後世文人畫開其先河。五代北宋，盛行南派；關仝、荊浩、董源、巨然，都是王維的嫡系。宋徽宗獎勵畫學，特設畫院，取古人詩句命題試士，一時傳爲佳話。南宋畫學，北派盛行，以馬致遠爲代表。到了元代，黃公望倪瓚等才提倡寫意畫(一)畫風一變，明代的沈周唐寅董其昌等都是此派的後勁。清代著名的畫家有八大山人朱耷，及擅長山水的四王(二)擅長花卉的惲格吳歷，和擅長仕女的費丹旭。現代我國畫學，可分兩派：一派是文人畫，一派是西洋畫。他如廣告畫、圖案畫，係以應用爲主，於藝術上實無價值。(丙)音樂。音樂自黃帝以來，歷代都有樂器和樂章的發明。周代且將音樂加入六藝中，天子、諸侯、大夫，無不用以祭祖宴客，詩經中的雅頌和漢代的樂府，便是古代樂歌的總匯。到了晉代，五胡亂華，古樂器失傳，西域樂器(三)傳入中國，逐漸盛行。唐太宗遂有十部樂之制定。(四)唐玄宗精於音律，教習宮女於梨園中，可見唐代音樂的注重了。唐代以後，雅樂衰微，民間所用的，大都是俗樂。其間宋代君臣，雖屢次研究雅學，因不精音律之故，沒有什麼成就。惟最近鄭覲文等組織大同學會，頗能研究雅樂。(丁)雕塑。雕刻一項，古代已施於宮室，不無可觀。自從東漢佛教傳入以來，雕塑佛像，建立碑塔，成爲風氣。到了唐代，雕塑的藝術，因佛教盛行之故，更趨進步。在佛寺禪院中，都可見到。或刻石爲佛，或雕柱成圖，皆甚精緻。到了現代，雕塑的藝術，模仿西洋法，用在石膏及金屬上面去了，但木刻亦甚流行。

註（一）用筆求神似，不求其形似的一種畫法，叫寫意畫。與工筆畫之纖細渲染求其精工者不同。（二）四王，卽王翬，王鑑，王原祁，王時敏。（三）西域樂器，如胡琴，琵琶，羌笛，羯鼓等都是。（四）唐太宗制的十部樂，卽燕樂，清商，西涼，天竺，安國，疏勒，高昌，康國，龜玆，天竺。其中只有清商曲是中國固有的古樂。燕樂爲唐代所新造。其餘八部都是外國樂。

第三章　社會

一　生產和經濟

社會生活進化一般的程序，最早是漁獵時代，其次是牧畜時代，又其次是農業時代。在漁獵時代，我國先民穴居野處，茹毛飲血，當然談不到生產。自從伏羲氏神農氏先後開始了牧畜和農業的生活，我國生產事業才有了基礎；神農氏並且規定「日中爲市」之制，後來黃帝又有蠶絲和陶器木器等之發明，這就是我國商工業的起源。到了周代，才偏重農業，規定以井田爲農民合作生產的場所，於是周代的社會，成爲一個農村經濟自給的社會。可是春秋以來，因爲工商業逐漸興盛的緣故，一班人紛紛從農村跑到都市中去，（一）經營工商業。秦孝公爲擴大耕地面積起見，索性把井田的阡陌掘去。從此人民都得私有田地，自由賣買，井田制破壞無餘，而經濟自給的農村組織，也跟着消滅了。因爲工商業盛行的結果，社會上產生了大批富豪(二)他們致富的事業，有採礦、冶鐵、煮鹽、牧畜、經商、及貸錢收息，經紀田產等種類，甚至做賣醬磨刀的小本工商業和售賣積穀的投機事業。他們投資農村，兼併農民的土地，結果社會上又出現了一批大地主，農民仍受他們的壓迫。(三)漢政府爲要救濟這種貧富不均的現象，便實行「以農爲本，以工商爲末」的社會經濟政策，(四)收鹽、鐵、酒酤歸國有，設官專賣，不准商人私營，竭力提高農人的地位，改良農人的生產方法。從此以後，歷朝施政，無不重農。這是中國農業社會所由確立的原因。可是到了唐宋，富豪兼併土地，農民備受剝削，就痛苦不堪了。至於工商業，則自隋唐以來，日趨興盛，工藝品如昌南鎭瓷器，景泰藍銅器，和揚倭漆器等，都極著名。國外貿易尤其日見發達，在南洋方面，我國人是握過中外商業的霸權的；歷代政府，於沿海沿邊的要地，又都設置機關(五)徵收進出口稅，爲國家的大宗收入。自從淸代中葉五口通商以來，國際形勢改變，列强將其過賸的機器工業生產品，儘量輸入中國；更在中國通商大埠，設立工廠，從事製造和推銷。中國農業副產品和手工業者的市場，便被列强經濟勢力占據了去。一班有識之士，覺得非提倡機器工業不足與外人相競爭，便竭力建設工廠，從事新工業的製造。（六）清末政府特設立農工商部，鼓勵商人辦理實業。而國人經營的銀行事業，也在這時候抬起頭來。可是因爲國人的資本和技術，都敵不過外人，加上外人靠着不平等條約中的關稅協定，內河航行種種特權爲護符，我國工商業，不能有如何發達。近年以來，重要工業如絲業、煤業、棉織業、麵粉業等，非減工，卽閉廠，各地商店倒閉的，更是屢有所聞。至於農村經濟，因頻年天災流行，戰禍不息，已有崩潰的趨勢。國外貿易，僅就米麥各類糧食看來，根據海關貿易報告，由民元入超僅值銀一千四百萬兩，到民國二十二年，竟入超到三萬萬兩之鉅了。

註（一）春秋時新都市，如臨淄，鄭，洛陽，宛，邯鄲，陶，吳，廣陵，睢陽，壽春。（二）春秋戰國秦漢時之富豪，如范蠡，子貢，白圭，猗頓，巴婦清，呂不韋，烏氏倮，卓氏，孔氏，任氏，郭縱，師史，無鹽氏，秦揚，翁伯，張氏，郅氏，濁鄭，刁間，曹邴氏，田氏，韋氏，杜氏，栗氏等。詳見史記及漢書。（三）大地主每乘農民窘迫時，以半價購買其土地，仍叫農民耕種，而取其收穫的十分之五爲田租，或以重利貸給農民，農民如果無力償還，便以子

女出賣爲奴婢，或以田地作抵。（四）漢代重農抑商的經濟政策，如商人不得占田，做官，穿綢衣，坐車，于賦稅特別加重；對於農民，屢次減輕田賦，或竟全免，又教農民以代田，犂耕的方法，藉以增加農產品；且設置常平倉以濟農民。（五）如隋設立互市監於北邊，唐立市舶使於廣州，交州，揚州，登州等地。宋改市舶司，設置之地更多。明亦設市舶司，於沿海更設茶馬司於北邊，清設海關。（六）清代自公元一八六二年，即同治元年起，到一九一一年，宣統三年止，分爲四個時期。開辦的主要工廠，有上海江南造船廠，製造局、福州船政局，四川兵工廠，甘肅織呢機器廠，上海機器織布廠，武昌織布，紡紗，繅絲，製蔴四局。此外有外人所辦的怡和老公茂鴻源東華等公司。

二 風俗和宗教

商人以遊牧爲生，崇拜鬼神；周人漸習農事，又崇拜天；目的都在祈禱報功。從春秋時代以後，各國攻伐不息，民生痛苦日深，於是燕齊地方的方士，造出「海外三神山」及「神仙不死」之說。一時求仙的風氣便籠罩着整個社會。同時，因爲人口增加，除大部份從事農工商業外，社會上發現了許多失業的游士，後來他們做了各國貴族的門下食客（一）一時養士之風大盛，他們感於知己之恩，往往不惜犧牲自己的生命，解决主人的困難，這種任俠的風氣，一直流行到漢代。

西漢末年，士氣衰靡。及光武帝即位後，便提倡節義，下詔褒獎或徵召入京（二）因此東漢一代，不慕榮利之士特多。曹操想破壞此種士風，下令徵求不仁不孝品行卑汚的人，參與國事，致養成蔑棄禮法的魏晉清談之風；當時社會人士，不但競尚清談，並且宗教——佛教道教的觀念，也非常濃厚。佛教是印度釋迦牟尼所創，教旨慈悲平等，東漢明帝時，已由蔡愔自西域傳入，開始建立佛寺，翻譯佛經。魏晉時，中國人也有剃髮爲僧的。道教又名五斗米道，創於東漢初年的方士張陵。據傳他用符水禁咒的法術，替人治病降魔。後來他的子孫世居龍虎山（三）傳他的法術，世稱張天師；奉道的人，稱爲道士。南北兩朝的帝王，對於佛教道教，非常信奉，尤以梁武帝的信佛，和北魏太武帝的信道，最是有名。因帝王的提倡，民間信奉之篤，可想而知。建寺造像，齋醮符咒，成爲當時社會上普遍的現象。同時門第階級分別之嚴，也成爲社會的風尚。這是因爲晉末以來，五胡民族遷入中國北方，北方華人，却又隨着晉室南下，做了南方的僑民。有此大變動，一班士大夫便以士族自居，（四）不肯和庶族通婚，甚至不肯和庶族同坐談話，直到唐代科舉制度盛行，士庶階級才逐漸破壞，此種風氣也跟着消滅了。唐代不但盛行科舉，並且宗教也極發達，當時皇室因爲和道教有關係的老子同姓李，所以竭力提倡道教，唐武宗甚至排斥他教，獨尊道教。至於佛教自從高僧玄奘自印度攜歸佛經從事翻譯一來，派別增多，當時全國僧寺達四萬餘所，僧尼七十餘萬人，可見佛教盛行的一斑了。當時雖也有從別國傳入的回教、景教、祆教和摩尼教，但勢力都不及道佛兩教。到了宋代，道佛二教，不但和唐時一樣的盛行於社會，並且和儒家的學說同爲學者所推崇，占當時學術思想界重要的勢力。此後元明清及現代，佛道二教在社會上的勢力，始終不衰。此外流行的宗教，尚有回教、喇嘛教、天主教、耶穌教等。再就士風來說，自從唐代科舉制度施行以來，鑽營請托之風逐漸養成，到了五代，士風大壞。自號長樂老的馮道，以一身歷事四朝十君，不以爲恥。宋初諸帝，才獎勵忠義，徵求高士；後來一班理學大師，又提倡名節，崇尙道德。宋朝風俗，因此漸趨淳厚。元代對於社會風俗，很不注意，文人尤不爲社會所重，他們的地位簡直降在娼妓和乞丐之間，所以有「一官、二吏、三僧、四道、五醫、六工、七匠、八娼、九儒、十丐」之語。明代士風，因懾於君主和宦官的淫威，卑順柔靡，無可稱述。清代以滿人入主中國，對於文人，或以威迫，或以利誘，因此一班文人，除埋首於制藝，獵取功名利祿外，別無發展的企圖。中世以後，稍稍轉移目光到實學上去，而有出洋留學之舉；但在朝大臣，尚有反對之者。可見當時風氣，尚未到澈底開通的程度。及學校代科舉而興，風氣漸變，直到現在，學校中學生，除研究各科外，更以餘暇的時間，努力於愛國運動了。

註（一）戰國時養士最著名的：如趙國平原君趙勝，魏國信陵君魏無忌，齊國孟嘗君田文，楚國春申君黃歇，世稱四公子。（二）不仕王莽的，如卓茂，隱居鄉間的，如嚴光周黨王良等。（三）龍虎山在今江西貴溪縣境內。（四）南北朝時的著姓，據新唐書柳冲傳：「過江則爲僑姓，王謝袁蕭爲大，東南則爲吳姓，朱張顧陸爲大；山東則爲郡姓，王崔盧李鄭爲大；關中亦號郡姓，韋裴柳楊薛杜首之；代北則爲虜姓，元、長孫、宇文、于、陸、源、竇首之。」

三 交通和移民

我國漢武帝時，張騫曾到大夏、大宛、大月氏，這些地方多在今新疆以西的蘇聯中亞西亞及阿富汗。東漢時班超經營西域，派甘英往通歐洲的大秦，（一）甘英雖不能直達目的地，但曾到了安息（二）西境的波斯灣。從此以後，西域僧人到中國來的，和中國人到西域去求經的，不絕於途。到了隋朝，煬帝派使臣到天竺、師子，即今印度及錫蘭島；同時，招致西域各國人，到張掖來互市。唐代國威遠達中亞西亞，亞拉伯波斯拂菻（三）等國，都遣使來貢獻，西方交通之路，遠達亞洲極西，比漢代更遠了。到了元代，蒙古兵深入歐洲俄羅斯，就於東亞到東歐間沿途設立驛站，增置守備，於是歐亞交通大盛。意大利人馬哥博羅及歐洲各國教士紛紛到中國來了。至於水路交通，亦起於漢武帝時。據漢書地理志中說：武帝曾遣使往訪都元、邑盧沒、諶離、夫甘都、黃支、皮宗、已程不等國，除黃支國在印度東岸外，餘多在南洋羣島及印度支那半島。可見漢代中印及南洋方面的交通之路已開。東漢初年，日本遣使入貢中國，是爲中日交通之始。東漢末年，大秦國派使臣取道印度洋而到日南（四）上陸，再到洛陽貢獻犀角、玳瑁等物，這是歐亞水路交通的開端。東晉以來，海路交通逐漸發達。南北朝時，我國商船遠到亞拉伯海，握當時中西航行權。到了唐代，亞拉伯人波斯人到中國來通商的日多，以廣州泉州爲貿易地。自唐到明，約八百年間，中國與亞拉伯波斯的交通，絡繹不絕。中國人移殖到南洋羣島去，也有三批：第一批移殖，開始於唐代末年，是爲避黃巢之亂而去的，其地點多在蘇門答臘的三佛齊，（五）這是南洋最早的華僑，但人數已無可考了。第二批移殖，始於南宋末年，一班忠臣義士，因不堪元兵的壓迫，紛紛逃竄海外，多至十餘萬人，近者到交趾占城，遠者到眞臘爪哇等地。現在爪哇的巴達維亞，就是鄭思肖率領鄉人初次移居的地方。第三批移殖，起於明代初年，鄭和出使西洋的時候。鄭和先後共航行七次，走過中國海南洋印度洋一帶的四十餘國，每次出發，必有許多人跟着同去，居留海外。從此以後，東南沿海各省的人，移殖南洋去的越多，這就是現在南洋華僑發達的由來。他們到了海外，專事開墾荒地，發展生產，有了不少的勞績。（六）及明代中葉，歐亞新航路發見，歐洲各國人紛紛到中國來通商，中國人移殖到海外去的也日多。清代初年，雖一度禁止下海，但不久卽取消。到了現在，中外水陸交通，已達到極度的發展，我華僑的足跡，幾乎走遍了全世界。這一點，在中華民族史上，是很光榮的。

註（一）大秦卽歐洲羅馬帝國。（二）安息，在今波斯地，西史稱帕其亞。（三）拂菻，卽東羅馬的

君士坦丁堡。（四）日南，即今安南。（五）三佛齊，即今巨港。（六）如鄭思肖開闢巴塔維亞；元代華僑林旺，教菲列賓人耕種田地，脫離遊牧的生活；史弼征爪哇，遭風船破，百餘病卒留養於婆羅洲西北的麻葉甕，其子孫繁殖於此。明代華僑梁道明力抗爪哇兵，據三佛齊。清代中葉華僑葉阿來開礦於馬來半島，且爲馬來王室平定內亂。

新文化叢書

中國文化小史

常乃悳著

1928

上海中華書局印行

中華書局發行

中國大文學史

謝无量編　精裝一冊三元

吾國文學浩瀚。作家如林。學者欲登堂入室。苦無專書問津。致有徬徨歧途。時倍而功半焉。謝无量先生湛於國學。學問文章。世所景仰。本書係先生傑作。共分十章。首敍論。次上古。次中古。次近古。次近世。直迄於清末。采西洋研究文學之法。別其流派。詳其時代狀況。每家各繫小傳。並附其著作一二篇。加以批評。理論新穎。而多創見。事實依據正史專集。考核周詳。爲治文學者之圭臬。

中國婦女文學史

謝无量編　精裝一冊　一元四角

夷考吾國文學史籍。但主眼於男子。不知巾幗之中。亦多靈秀傑出之才。其遺風餘韻。非不可傳也。梓潼謝无量先生有慨於此。特將女子之經史文章詩詞歌曲。擇其菁英吐玉卓絕一時者。廣爲搜羅。上起周秦。下迄有明。以時繫人。並各綴小傳。紀其事略。爲婦女文學史中放一異彩。名媛淑女。允宜人手一編。

(816)

常乃悳著

中國文化小史

上海中華書局印行

序

關於這本中國文化小史，我有幾句要表白的話：

這部書自然是很簡陋的，不過就目前的出版界看起來，似乎還不無一看之價值。其中如中國上古文化之多元說，如商朝與古代東方民族的關係，如封建制度與駐防制度之比較，如韓非子集上古學術之大成說，如陰陽家爲海國民族思想，應特別注意研究之類，都是很值得注意的問題，將來想提出來單獨研究的。

這部書最抱歉的是因爲沒有正確的中西對照年表在手邊，不能將中國歷史上的年代一一換算爲西歷紀元，在初學者讀起來或者稍感困難一些。此外因爲自己沒有工夫作索引，又請不到幫忙的人，只好暫缺了。

我希望這本小書能給讀者多少對于中國文化了解上的一點幫助，這是很榮幸不盡的。

中華民國十七年六月

著者於上海

中國文化小史目錄

中國文化小史

第一章　甚麼是中國文化？

文化的意義

中國民族是有文化的民族嗎？我想任何人都可以不遲疑地答道：『是的』；中國的文化究竟是些甚麼東西？我想任何人都不能立刻就回答出來。文化本來是包涵有極複雜意義的名詞，不是用簡單的話所能包括盡的。我們通常的見解，以爲文化史就是思想學術的歷史，這個觀念是錯誤的，思想學術不過是文化的一部份，還不能就代表了文化的全體。文化是從學術思想到飲食起居全部的生活狀態的抽象名詞。圍繞着我們的一切，都是文化。而且文化還不僅僅是代表物質上的生活，他更代表着人類精神上的努力，一切的道德，理想，組織，制度都是文化的表現。因此文化是一個極廣大的名詞，不是三言五語所可包括得盡的。

研究中國文化問題之困難

文化雖是個內容極複雜的東西，但是近代經許多西洋社會學家，歷史學家的努力，對於世界人類的文化狀態已經研究到相當的精密程度，我們有志研究世界文化史的人，只要找幾部相當有名的著作來翻讀一下，就可得了個大概的觀念。但是研究中國的文化問題就不能如此便利。我們的歷史雖也豐富，但未經相當的整理；我們的社會調查絲毫未經着手；我們的考古學，人種學，地質學都未發達；我們不能在這些準備未完成以前，就希望有好的文化史出來。眞正完備的文化史之出現尙須有待。

研究中國文化史的問題和幾條歧路

自然，我們不能說在諸種準備未完成以前，就不許人作中國文化的研究，因此研究中國文化史的人還是很多。不過在現今研究中國文化的歷史，最怕走入幾條歧路。有一種人絕對相信古書，以爲凡古書所載都是眞的，結果虛僞者認爲眞實，矛盾者代爲彌補，支離破碎，有百僞而無一眞，這種文化史是無價值的。還有一種人偏好偏愛，對於文化的史蹟任意以私見去取，結果所謂文化史者，祇是一部分生活，或者制度，或者思想的歷史，偏而不全，也是不配稱作文化史的。還有一種人以爲文化史的責任只在呆板板的敘述幾種固定的事實便算完了責任，殊不知文化史的責任是在給後人指示出一個已往國民努力和進步的痕跡，對於動的方面的描寫更要於靜的方面的描寫，尤其是紀錄國民文化史的人，對於自己民族所受或所給與其他民族的影響是萬不能忽略過去的。

正確的來源

我們現在做中國文化史的研究，第一步就要注重材料來源的正確與否，這件事雖似困難，但也有相當的憑藉。因爲近三百年以來，中國學者對於考據眞僞書籍的工作已很有成績，我們根據這種成績去做進一步的研究就比較容易多些。我們在研究的時候，對於已判明係虛僞的材料，應該絕對屏棄，不可引用；對於虛僞成分較多之材料，也應審愼引用，並注明其懷疑之點；對於普通的材料，偶有疑問，也應提省；總之與其輕信，不如輕疑，這是治學的最要方法。不過中國一切考古學，地質學等都未發達，在研究古史的時候，倘若完全不信任書籍，則無從着手，故書籍之採用亦爲不得已之舉，不過須審愼引用罷了。

平均的敘述

文化史非政治史，也非思想史，其內容應該包括國民全體的精神和物質進展的狀態在內，所以編製最難。稍一不愼，卽有偏重之虞。理想的文化史，應該對於民族成績的各方面加以公平的敘述才是。

活動的描寫

要表現出國民的精神和物質的進展狀態，有時便不能不拋棄板滯的記錄而加重生動的描寫。因爲有時具體記錄所表現不出的內在精神，非用抽象的理論加以解釋不可。故理想的文化史必多少帶有史論的性質，不過不可空論太多，影響事實的眞相罷了。

我作這本小冊子的主旨

本書是一種通俗的小冊子，與專門著作不同，故所採事實俱皆一般承認之事實，務求以通俗之描寫使讀者知中國文化進行之概況，一切枝節問題多避而不談。

中國文化之八時期

在分章敍述之先，對於中國文化的進展情形作一個大概的敍述，是很必要的。就一般研究起來中國民族的文化發展大約經過八個時期：第一個是自太古至西周的宗法社會時期；第二個是春秋戰國時代的宗法社會破裂後文化自由發展的時期；第三個是秦漢兩代統一安定向外發展的時期；第四個是魏晉六朝民族移徙印度新文化輸入的時期；第五個是隋唐兩代民族同化成功新文化出現的時期；第六個是晚唐五代宋朝民族能力萎縮保守思想成熟的時期；第七個是元明清三朝與西方文化接觸逐漸蛻新的時期；第八個是晚清以至今日大革新的時期。

古代之文化

本來就民族進化情形看來，堯舜以前和堯舜以後的中國社會情形是絕對不同的。堯舜以前中國民族尚在野蠻時代，社會的組織是游牧組織，並不固定，到堯舜以後才逐漸有固定的農業生活和宗法組織出現。故事實上古代文化應分游牧文化與農國文化兩期。不過游牧文化無書籍可考，現今考古學又未發達，故此時代的材料甚爲缺少，只得附見于宗法社會期內了。

春秋戰國時代

中國民族的精神和物質到這個時期都大有進步，進步的重要原因是從前許多異民族到此都同化了，同化之後自然發生出絕大的光芒來。這可算得我們民族最光榮的時代。

統一帝國之出現

經過了春秋戰國的民族融合和思想競爭，便自然產出秦漢的統一大帝國來。所有統一帝國的好處如和平，進步，發展，壞處如專制，腐敗，愚暗；都在此時期盡量發揮出來。

懷疑的時代

漢朝大帝國到了東漢，便已因腐敗而呈了種種不安的現象了。到了西晉，思想上的懷疑和民族上的移徙同時並起，造成了歷史上的黑暗時代。但是恰好印度文化結晶的佛敎挾民族移徙之勢力以侵入，救濟了思想上的饑渴，而對於團結異民族使之同化也有功效，

新建設的成功

到了齊梁以後新文化的建設已逐漸成功，而民族的同化也成熟了，於是產出了隋唐兩代的新帝國，在這新帝國中雖然也時有變亂發現，但無處不表現民族和個人的偉大魄力來。

保守的衰喪

隋唐大帝國之所以成功，根本原因由於民族的混合，不幸這個工作尚未成熟，便啟了安祿山之叛亂，帝國又復分裂。一直二百多年的內亂將中國民族的精神萎縮殆盡，到了五代宋初，外交上的屈辱現象，政治的苟安空氣

，學術上的保守思想，都紛紛出現了。宋朝一代我們不能說他沒有文化，但只是暮氣民族的文化。

新時代之曙光

因爲這種暮氣的文化，中國遂召了契丹，女眞，蒙古，滿洲四次的征服。也幸而因爲這種征服，才開了歷史上第二次與西方文化接觸之端。從元明到清初都代表了這個新時代開幕前之狀況。

新時代之出現

到鴉片戰爭一役，揭開了這個新時代的幕，底下跟着的是民族的屈辱和覺醒，西方文化之輸入，目前正在激烈變化之中，前途所屆如何？雖不可知，但其爲醖釀一種新國民的新光明文化之出現，則爲一定的事實。

我們的努力

因此，我們現代的青年，對於祖國文化的

中興是負有重大的責任的。文化的復興可以救濟民族的屈辱，文化的衰退就是民族精神萎縮的徵光。中國青年的責任再沒有像現在一樣重大的。

第二章　有史以前的中國人民

中國歷史的記始載

中國是個富於實際性的民族，故歷史之起原頗早，不過仔細考察起來，究竟眞正可靠的歷史起于何時？也很難說的。尙書以堯典爲首篇，相傳係夏史官所紀；史記則較尙書爲早，五帝本紀託始於黃帝，但自周召共和以後才有眞正的年齡可考；其後晉皇甫謐補三皇本紀則於五帝以前又提出三皇；宋羅泌著路史更溯及開闢之神話。以今日的眼光看來，盤古，三皇固係完全神話，即黃帝的事蹟亦尙在可信可疑之間，比較上可靠的還要算堯典所紀堯舜之事，雖然現今亦有人對於堯舜禹等時代的史實都加懷疑，但在未經確實證明以前，我們姑且相信自堯舜以後為有史時期，堯舜以前或許已有文字，而尚無書契，只可認為係史前時代了。

最古的人類

因為考古學和地質學在中國都未發達，所以古代東亞大陸上的實在情形尚未能明瞭。據河南仰韶村所發現的新石器時代的古物，及長城附近發掘之人骨而觀，則至少二萬年以前中國已有人迹。惟此種人屬於何種族？其生活狀況如何？概因無詳細之研究，不能確知。

漢族西來說之攷察

最近八十年來，在歐洲和日本都有一種對於中國民族係從西方遷徙來之學說。其遷徙之時代大約在黃帝時代，從亞洲西部侵入中國，此種侵入之民族大約與古巴比崙民族有關，在未侵入以前，中國本地或有一種土著民族，爲外來之民族戰勝後始逐漸向西南山地退避，卽成爲今日之苗族，其新來種族戰勝後卽佔據黃河流域，爲今日漢族之始祖。以上這種說法雖不無一部份之理由，然因其根據材料，多不堅固，故尚未能完全成立。但無論漢族西來說之成立與否，總之中國本地在上古必有人類棲息，則爲至確不疑之事實。

上古人類分布之狀況

普通歷史所載上古事蹟，多與黃河流域有關。因之人多以爲上古人類只居住於黃河中下流，卽今山東河南二省一帶。其實不然。黃河流域不過是後來文化較發展的地方，其他地方也非無人類的痕跡。如巴蜀，如荆蠻，如獯鬻，如肅愼，其民族必與黃河流域之人類同時或稍後發生。不過後來因環境的關係遂有進化不進化之別罷了。

上古的文化中樞

普通的意見還有一種錯誤，就是以爲上古中國的文化中樞只有一個，就是黃河流域。其實也不然。上古中國因地勢和交通的關係，各地方的民族彼此不相往來，容易各自產生獨立的文化，乃事理之當然。就我們今日所知，黃河流域以外，尚有幾個文化中樞。如山東半島和江蘇北部爲東夷族之文化中樞，四川中部爲巴蜀族之文化中樞，長江中流爲苗族之文化中樞，這都是可信的事實，其他如玁狁，如閩粵諸族雖未開化，然低級的文化亦並非沒有的。

黃河流域特別發展的原因

古代民族既係各自發生，

何以後來黃河流域的文化獨佔優勢呢？由今推之，大約有幾種原因：第一當時長江流域尚在沮澤時代，人類不易棲息，黃河流域土曠地高，較便居住；第二黃河流域土地肥沃，氣候溫暖，便於農耕；第三黃河流域因係平原，與四圍諸族容易接觸，故進步較速。這三個原因大約都是很主要的。

農業之生活

人類的進化都是從漁獵生活經過牧畜生活而到農業生活，古代中國人的進化當亦不外於此。中國古史雖不可靠，但其一般傳說頗能表示社會進化的次第，如謂古帝王有燧人氏，有巢氏，庖犧氏，神農氏等，顯然表示一種進化的層次。我們若把這些古帝王完全認爲實有，固然不是，然若概認爲無稽之談，不加理會，也非研究初民思想之道。

就古史及一般文字的紀載研究起來，中國史前人民的生活大約有山居水居兩種。山居者，中國古代稱人民爲「丘民」，稱羣衆爲「林蒸」，都可證明人類係屬山居；水居者，中國的古代貨幣名都從「貝」字，可證明係水旁民族的生活。不過這些文字之證尙未足爲强有力之證據，眞正證據須待考古學發達以後耳。

山居與水居

人類最初曾經過生食的時代，是普通相信的，中國古史也說人類最初係茹毛飲血，至燧人氏出始教民鑽木取火，始有火食。燧人氏自然並無其人，不過代表一個時代，這個時代究竟距今若干年，尙不可知。總之自取火之法發明，人類始有熟食，是可斷言的。而火之發明，不但飲食

最初的飲食

有了變遷，卽一切生活亦均受其影響而發生進步。故火之出現，可視爲文化之起點。

居住的進化

高等動物之營巢，覓穴之本能已發達，故不必待有人類，已有居住問題。石器時代的人多居於洞穴，惜中國尚無此項古代人類的洞穴發現，故不能就以研究原人的生活。至於巢居生活，大約甚普遍，故有有巢氏敎民架木爲巢之傳說。

無衣時代

衣服的出現大約很遲，據史當在黃帝以後。以前的人亦並非完全裸體，不過僅在身上繫一塊獸皮而已

工具的進化

古代人類社會由石器進而至銅器，鐵器時代，此爲普通之次第。中國之古石器近來發掘漸多，其

時代似乎很近，大約至黃帝以後才逐漸入於銅器時代。至於舟車前弓矢等製造，更在黃帝以後了。

社會的組織

古代中國人的社會組織如何？至今亦無確實可靠之證據，大約不外係多數依血統結合的小部落，每部落中有酋長爲之統率。古史所謂九皇，六十四民，即此類部落酋長而已。

婚姻的進化

古代人類多屬掠奪婚制，其後乃進而爲購買婚制，史稱庖犧氏始教民以二儷皮制嫁娶之禮，此爲購買婚姻初起之時。

財產與貨幣觀念

最古的人類都是實行一種部落的共產制，即一羣之中有公共的財產而無私人的財產，私有財產的起原大約承牧畜事業已經發達之後。神農氏敎民日中爲市，是不但財產私有而且有交易行爲了。貨幣的使用大約亦始於此時。從字形「財」「貨」等字之從「貝」旁，可想見最古貨幣之使用必起於東方海濱居民，或者古代山東半島一帶文化較高於黃河中流也未可知。

最初之宗敎

中國最初之宗敎如何？我們現在尙不能知，大約不外最低級之拜物敎而已。觀於堯舜以後多神敎尙普遍於中國，可見古代也不會更高的。其所崇拜者大約多係動植物或無生物，後來才漸漸以英雄偉人當作崇拜的對象，這種人神雜糅的現象一直經過了好多年代。

文字的起原

古代人類以結繩代文字，眞正文字的起原

，未確定在何時。史雖有倉頡造字之說，然文字係逐漸演化而來，決非一人所能造成。八卦或卽爲最初的文字或數碼，其後乃有象形文字出現，大約已到黃帝時代了。

由行國到居國

在游獵和畜牧時代，人類都是遷徙往來無常處的，到了農業時代，人類生活才安定。中國的農業生活相傳開始於神農，但此時也不過一部份人民進步到這程度而已。觀黃帝時代尙以師兵爲營衞，遷徙往來無常處，可見農業生活到那時還沒有普及。

部落的合併

原始部落因戰爭，婚姻或其他關係，逐漸由小合幷成大，漸漸有大的首領出現，這種情形大約自黃帝時代爲始，黃帝和蚩尤都是當時的大首領，與從前的小部落情形就不同了。

自女性中心到男性中心

古代是否女子權力大於男子，尚不可知，但至少其部族的團結是從女系的。文字上「姓」字從「女」從「生」，表示「女所生也」之義，這就是代表古代姓的觀念。其後血族的部落打破，有了超血族以上的政治聯合，才以强有力的男性爲中心。

政治組織之進化

最初部落係以血統爲結合，故其組織很簡單，僅有酋長一人爲領袖，其後慢慢分化，一部落之中有專司宗教的巫史，有專司戰爭的武士，而後有統攝各部落的「皇」或「帝」出現。官制也逐漸複雜，據左傳所載官制起于伏羲，但顓頊以後始以民紀官，大約顓頊以後才漸漸有職官之設備了。

戰爭之進化

戰爭是自古就有的，不過最初時代只有小規模的部落爭鬪而已，到部落漸大，戰爭也就漸大。黃帝時代與炎帝，與蚩尤皆有戰爭，雖其事未必可靠，但戰爭之進化大約起于此時。武器如弓矢等也在此時應用起來。

美術的起原

原人的美術觀念發達頗早，石器時代的壁畫已可表示其美術觀念之一部分，惜中國尚無此項壁畫發現。音樂之類則相傳創造于黃帝，衣服與宮室也自黃帝時代才有規模。

第三章　宗法社會與封建制度之進化

洪水之疑案

中國的社會大約自黃帝以後才算有了文化的曙光，但黃帝以後曾經有過一個大洪水的時代，所以洪水以前的事跡就都不能深考。就地質學的研究，第三紀的後半期本有一個大洪水的時代，但其時期至遲也距今兩萬五千年以前，與中國史上的年代似不相符。因此中國堯舜時代的洪水究竟是大洪水的餘波呢？還是另外一次變動呢？尚不可知。

有史年代的開始

總之，自洪水以後中國人民才算入于有史時代，第一部古史尚書的第一篇就託始于此時。其年代大約在公歷紀元前。

[illegible]

洪水以後，有史時期的開始，即堯與舜統治的時代，舊史所目爲中國的極盛時代。其所稱述的雖不盡可信，要之自堯舜以後中國才有了相當成熟的文化，是可以這樣說的。

貴族政治的成立

堯舜時代最顯著的表現，即貴族政治已完全成立。堯舜的禪讓並非君主私人的授受，而實爲貴族間公共決定的行爲。當堯的時代，一切命官，行政都須諮詢四岳和百僚的意思，而堯本身的得立也係由貴族推選而來，可見其時貴族勢力之大。

官制之進化

堯命舜綜百揆以後，官制有了大的進步。堯典所載命官，有羲和，司空，司徒，士，后稷，秩宗，典樂，納言，虞，共工等職，甚爲完備。

洪水之治平

禹治洪水，爲中國古史上一大事蹟。雖其

詳不能深知，然當時對於洪水之禍必有一番抵禦的工夫，是可以想見的。自從洪水平以後，才又有平原出現，而穩固的農業社會遂成立了。

二天文曆象的進步

古代科學之最發達者爲天文學，蓋因其與農業有關也。堯典命官，第一就是羲和，可見其時對于天文極爲注重。歷代沿用的太陰歷，大約也創始于此時，觀堯典所載自明。

倫理觀念的發達

倫理觀念也到堯舜時才發達，舜命契爲司徒，敬敷五敎，又有「允執厥中」等十六字之薪傳，開此後幾千年中國倫理觀念之先河。

君主權力的擴大

堯以前君主權力極小的，到舜禹二代

，大有爲的君主相繼執政，中央政治修明，君主的權力遂逐漸增大。堯之初四岳舉鯀治水，堯雖不願而不得不姑命其往試之，到舜攝政後就敢將鯀治罪，其他共工，驩兜，三苗等也都分別治罪，禹卽位後更有戮防風氏之事，禹死不傳他人而傳子啟，這都可證明中央政府的權力已非昔比了。

農業社會的確定

中國的農業生產發達當較早，不過經過洪水的破壞已有的農業基礎難免不受動搖，故到堯舜時代幾有從頭做起之事。舜命棄爲后稷，益爲虞，隨着禹到處平治水土，開闢山林，致民耕稼。經過這一番努力之後，才漸漸走上農業的軌道。到了夏朝就變爲純粹農業國了。後世所傳夏小正，雖未必卽夏朝的官書，然其與夏朝不無多少關係，是可以斷定的。

夏的文化

夏朝一代雖然相傳有四百年之久，但是紀載非常缺乏，孔子已經說過『杞不足徵』的話，何況在今日呢？所以我們對於有夏一朝的文化竟是很茫昧的。大致推想起來，當時已到相當的農業發展時期，人民的生活樸質而有秩序，其政治根據地在山西西南部。不過當時尚係部落割據時代，中央政府權力雖較前擴大，然終久有限，各地侯國仍然保獨立的權力罷了。

洪範中的哲學觀念之五行說

有一件事情值得人注意的，就是到了周初有一位商朝的遺老箕子述了洪範一篇含有哲理性的文字，據說是根據夏禹的思想。洪範中以五行支配宇宙及人生一切的事理，演成一種系統的哲學觀念，後來對于中國思想界影響甚大。假如夏時眞正有了這種系統的思想，則我們不能不認爲很值得注意的。不過我們在夏時遺下的文獻中，似乎還找不出這種痕跡。甘誓中雖有「威侮五行」之語，但很簡單，並無洪範那樣的繁複。依我們看來，洪範的哲理不但非夏時代的人所能及，抑恐非箕子所演。大約係西周中葉的人所作，不過託古人之名以發揮其理想罷了。

商朝的崛起

夏朝的相傳是繼續了四百餘年，至末代君主桀爲今河南東部一國名商者所滅。從此遂入於商朝時代。商朝的事蹟自從清末的甲骨文字發現以後，似乎比較夏朝考正的材料多些，不過因此頭緒越是複雜。卽如商朝的年限嘗通說是六百餘年，比夏爲長，而據甲骨文字考來似乎比夏朝還短，此外如君制的名字，代數，以及其他等等，都尚未得正確的答案。

商朝民族的研究

現在一般史家對于商朝民族的來源，似乎尚未注意研究，不過就歷史的記載考察起來，商朝與夏朝似乎絕對不是一個民族。夏朝的社會早已入于農業時代，文化早已脫離游牧國的性質，但到商朝興起以後，反而有復返于游牧社會的狀態。商朝的君主都好打獵，又好遷都，商朝人民很尚武，又迷信鬼神。這些都和夏朝不同。夏朝對于農業非常注意，而商人則不聞如此。這些都是值得研究的問題。

商人與古代東方民族之關係

依我們看來，商人一定

和夏人不是一種民族，夏人是古代開化最早之民族，卽所謂「諸夏」一族者，而商人則爲沿淮水流域一帶居住之開化較遲之東方民族，古代叫做東夷。這種民族直到夏末還未脫游牧社會武健之風，故能取夏而滅之。其證據約有數種：一商人滅夏，遷桀于南巢，南巢在今安徽，大約卽商人的根據地，故遷夏後于此以監視之、二東夷民族最迷信鬼神，而商人亦如此，可證其宗教相同；三商亡之後武庚作亂，尙得東夷之助，可見商與東方民族必有密切關係；四商代霸國相傳有大彭，豕韋，大彭在今江蘇北部，豕韋在安徽或湖北，其後周朝中葉又有徐國，亦文化甚高。像這些似乎都不能不說與商人直接間接有關，否則何以這些地方到春秋反成了蠻夷之區呢？以上不過略舉證據證明商人與古代東方民族之關係，其詳俟另考。

商朝文化之特色

商人因爲民族不同，故其文化頗多特色，不與中國的倫理思想相合。今略舉之如下：一商人迷信鬼神至烈，每一舉動必請命于神或祖先，觀甲骨文字之來源可知；二商人好游獵。從甲骨文字上也可看得出來；三商人輕于遷都，猶未脫游牧社會風氣；四商人傳位兄弟，不似夏或周之傳子；五商起名字都用甲乙等干支作號，此風似起于夏末；六商人尙質，重意氣，敢于犧牲，故末代君主紂卒自焚死。這些都是商朝文化的特色。

周朝的興起

商朝滅夏之後，一面發揮自己民族的特質，一面繼承古代中國的文化，到其末年，文化已經分布的區域很廣了。山西西南部是堯舜禹的舊根據地，自不必說，河南全省是商朝的政治中心，山東西部，安徽北部是與商朝同民族的勢力範圍，其文化也都必甚發達。到了末年，漢水流域也慢慢開化了。于是陝西中部的西方民族，乘初開化的結果，侵入中原，滅商而代興，遂建立周朝。周人與商人雖同自稱爲黃帝子孫，其實依我們看起來，商人是東方民族，周人是西方民族，都不是原始的諸夏人種。

東西民族之衝突

因此商周的遞嬗不但是朝代的遞嬗，實在還是民族的遞嬗。商朝自失敗以後，東方民族不甘屈服，遂於周武王死後，乘成王幼小，周公攝政之際，擁商紂之子武庚起而作亂，武庚的叛亂不止是復國的運動，實在還含有種族的意味。到武庚平後，淮夷，徐戎還爲患多年。一直到周穆王時代，還有徐偃王的霸業出現，可見東方民族的強硬了。

周朝對付東方民族的策略

周朝對付東方民族的策略有兩種，一種是用兵力去屠滅他們，如詩經魯頌中所載魯公伯禽平淮夷的功績至再至三，可想見爲當時一大事，周公營東都於雒邑，也就爲的是鎮壓東方民族。不過當時東方民族的抵抗力也很大，所以終久不能純用武力去對付，因之一面不得不採用懷柔的政策，除了封微子於宋以奉殷祀外，對於殷商的宗族和賢人如箕子，比干，商容等也都生榮死哀地崇拜起來，這樣才漸漸輯了東人反側之心。不過周人對付東方民族的最大策略，還在他的封建制度。

封建制度之創造

上古時代雖是列國割據的時代，但不能叫做封建時代，因爲封建制度是由天子授土地於功臣，在上古各國都是獨立的部落，他們的土地係傳之於祖宗而並非受之於天子，因此不得謂之封建制度，因此也就對于中央沒有什麼必然的義務和權利。夏商兩代大約都是如此，所以孟子說『武丁朝諸侯而有天下』，那時諸侯對于天子只以朝覲與否表示服從不服從的。史記說『商道五興五衰』也是這個意思。到了周朝，才有更進一步的封建制度成立。

封建之情形

封建制度是否純爲周人所自創，抑或自商朝已有萌芽，我們不知道，不過封建制度到周朝才算大成，乃是事實。周初封建的意思也許因爲商朝的潛勢力太大了，所以不得不分封自己的部落功臣去鎮壓各地。因爲周朝本是個小部落，而東方民族則部落很大的。故封建制度本意即是和後來滿清時代的駐防政策一樣。觀其封周公，太公於齊魯，可見其對東方民族防禦之深。其餘宗室也都多半分封在河南境內，根本是來統制異民族的。對于自己的根據地陝西，便不需要這些制度。

民族之文化

周人在武力上雖然戰勝商人，但在文事上却不得不採取商人的文化，因爲周人本是個很野蠻的小部落，而商人這時則已發達了很高的文化了。夏商周這三朝在種族上雖然各不相同，在文化上却不能說不互受影響。商人採取了夏的文化，而加以自已的新分子，周人又採取了商的文化，而加以自已的新分子。故古代文化到了周朝，已經發展成熟，凡事都有了具體的規模了。

宗法社會之成熟

周代文化最可引人注意的事，便是已發達了極完備宗法社會組織了。這種宗法社會的組織就表現在「禮」上，我們今日所據研究古代宗法社情形的幾部書，如儀禮，大小戴記之類，雖未必全係記載周代的文化，然必謂周朝毫無關係，也很難說。這種宗法社會的根本原則是親親的觀念。本來是堯舜以來這種觀念便已成爲中國倫理的基礎，不過到周朝才發展成極有系統的圓滿組織。這種組織的說明，不是這本小書所能彀的，要自已拿禮當作專門學問去研究才可懂得。

講到禮，還有一部値得注意的書，便是周禮。

周禮之眞偽

這部書從前多相信是周公所作，內容博大繁複，的確可以算得一本好書。不過事實上絕非周初所能行的，大約是戰國末年或者漢初的人所理想造出來的罷。

井田制度之眞疑

井田制度也是古代史上一大疑案。自孟子首倡井田之說，後來的漢儒紛紛附會，歧說甚多。據後儒解釋孟子的意思，夏時是每人分田五十畝，謂之貢。商以後將田畫成井字形，每一井分九格。每格七十畝，八家共耕一井，以其中心的百畝爲公田，謂之助。周代和商制全同。不過每一格是百畝，謂之徹。總之，古代人民耕地是受之公家，並非私有的。後世對于這個說法，或信或疑，說法不一。大約古代行授田之制，總是事實，然必謂將土地都一一畫成豆腐干形的方塊，則又不然。論古者不可過於拘泥的。

研究古史的今古文之爭

三代的記載本來就少，經過秦始皇時代有意的摧殘，文獻就更殘缺不全了。漢儒出來整理，遺書稍稍出現，但因此又引起今古文學派之爭。大致西漢初年發現的學派是今文派，到漢武帝以後，孔安國在孔子故宅中找出古文書籍，遂成立古文派。兩派對于古代的史跡，說法絕對不同。如古代的兵制，刑制，以及其他政治社會制度，都各執一說。依我們看來，這些說法的根據都很薄弱，所以我們一概不取。

第四章　從上古文化到中古文化的特變期——春秋時代

古代封建式的社會到了周朝中葉，可算發達到了頂點，以後就漸漸往崩壞走了。周夷王以後

封建社會之破裂

，政治上的現象一天壞一天，古代淳樸的農業社會至此也漸漸崩裂而商人漸漸得勢起來，外面的諸侯也都逐漸跋扈不聽中央命令了。這種情形在詩經小雅裏表現得最眞切。社會到了這種情形，勢非改造不可，故經外患一逼迫，立刻便從西周的宗法社會轉變成東周的宗法社會與自由競爭的過渡期了。

春秋以前中國境內民族分布之情形

從戰國以後，中國古代的文化忽然會光華燦爛起來，其最大的原因便在許

多異民族的調和。當堯舜時代所謂眞正中華民族之根據地不過山西西南部一帶，此外四周之地仍然都是異民族的勢力。到夏末商初，商人以東方民族代夏而興，於是河南全省始開化。到周滅商之後，分封宗親于山東，河南二省，尤以山東之齊魯兩國，影響最大，故到春秋初葉，山東全省除了半島一部分外，可算完全開化了。但其他各地仍然是異民族的勢力。直隸和山西的中部，有一種民族叫做狄的，分建了許多國；陝西的北部，則有一種民族叫做戎，也分建了許多國；長江流域則有楚國及其他蠻夷小國；淮水流域也仍是東夷族的勢力範圍；直隸的北部一直到遼東，則爲東胡族的勢力範圍，當時謂之山戎。江蘇和浙江的吳越兩國，那時尙未通中國，此外珠江流域及四川，蒙，藏，新疆，等區域更是與中國絕無關係了。春秋二百多年的最大成績便在將這許多異民族逐一吸收進來，給後來造成一個統一中國的基礎。

北方民族之同化

對於北方民族之同化，要算晉國的功勞最大。晉是周朝的本家，起初本不算强國。到晉獻公時代東西征討，吞併許多小國，國勢驟然强盛起來。他的兒子晉文公戰勝了當時最强的敵人楚國，取得了霸主的地位。從此以後晉國繼續做中原的霸主凡二百年。晉國因爲處在北方，所以與狄人接觸甚多。狄人本是古代最强悍的民族，黃帝時代的獯鬻，西周時代的玁狁，大約都是同種。到春秋初年分爲白狄，赤狄兩種。白狄分布在直隸中部，赤狄分布在山西東南部。

春秋初年白狄的勢力最强，滅衛，侵邢，勢力侵及河南和山東。幸有大政治家管仲出來幫助齊桓公打敗了狄人，救了諸小國的危機。從此便創立了霸主的制度。所以需要霸主的緣故，也就是因爲異民族的勢力過强，中國列邦分散，非有統一的領袖出來，不能聯合抵抗的。齊國雖然一時戰敗了狄人，但因他本身實力有限，所以管仲一死，齊國便衰了。幸而接着就有晉國代興。晉國的實力比齊國充足，又繼續做霸主二百年，和狄人死命地爭持。晉文公的孫子晉景公用陰謀派了赤狄的大國潞，山西中部南部從此完全開化。後來晉國的勢力一天擴張一天，直隸南部的狄人也都被他翦除淨盡，最後到戰國初年，只剩下一個白狄的大國名叫中山的，苟延殘喘了。中山後爲趙國所滅，北狄從此完全同化於中國了。

西方民族之同化

西方民族總名叫做戎，也分成許多小國家。周朝起自西方，大約也和這些種人相距不遠。周初國勢尙强，故戎人不敢發動，到西周末葉，政治腐敗，戎人遂漸漸强盛起來。最後有一個最强的部落犬戎，攻破了周的都城鎬，殺了西周最後的君主幽王，幽王的兒子平王東遷雒邑，陝西周朝舊地遂盡爲戎人所占，幸而當時有個小國名叫秦的，屢代周力戰戎人，逐漸擴張領土，成了一個大國。到秦穆公出來，滅了戎人的二十國，稱霸於西戎。從此陝西中部逐漸開化。但到戰國中葉，戎人還有幾個强國，如義渠之戎之類，最後也是被滅於秦的。

南方民族之同化

這裏所謂南方民族，是單指長江中流一帶的
民族的，本來據詩經召南上考察起來，當商朝末
年，漢水流域之一部，卽今河南西南部已經開化了。周朝初年
將他的本家分建了許多小國於河南南部，也是藉以箝制南方異
民族的意思。不料這一般姬姓小國裏，沒有一個爭氣的，結果
竟讓南方民族中一個國家名叫楚國的强盛起來。楚的强盛始於
西周末葉，到春秋初年遂自稱王，將漢水一帶的姬姓小國呑滅
殆盡，當時與狄人同爲中國之大患。幸管仲出來，實行尊周攘
夷政策，將楚國北上之勢擋住。晉國創霸以後，屢次領袖中原
諸侯與楚爭衡，雖然互有勝敗，然楚國畢竟不能再向北擴張勢
力了。到春秋中年以後，楚國因爲與中原諸侯接觸頻繁的緣故

，也就漸漸同化於中國，不復有異族的意識了。到了戰國，湖北一省便完全成了中國的一部分，而有很高的文化表現出來了。

東南民族之開化

東南民族即在今安徽，江蘇，浙江三省之地，其中種族頗爲複雜。大約安徽及江蘇北部的淮水流域爲一種人，此種人與商朝有關係，經西周屢次的剿除，勢力大殺，故到春秋初年，這種人竟無顯著的國家，也無高尙的文化。楚國强盛之後，全服于楚。後來吳越兩國也曾都征服過這些地方，但終久還是屬楚的時候多。江蘇南部及浙江北部，太湖流域在春秋末年興起一個國家，名叫吳國。他們自稱是周朝的本家泰伯之後，恐不足信。這種人開化最快，强得也最快，對于牽制楚國的勢力上很有大影響。但亡得也很快，不久便爲他的南鄰越國所滅。越國是占據浙江錢塘江東的一個小國，吳强時曾服屬於吳，不久卽滅吳而稱霸於中國。但衰得也很快。戰國中葉爲楚所滅，其遺民族分布于浙東及福建，都自稱越後。

東北民族之同化

東北民族在春秋時代與中國接觸較少，只有春秋初年曾有一種山戎侵入燕國，燕國是今京兆附近的一個小國，當時求救于齊，齊桓公出兵打敗了山戎，將所得的地方盡送與燕國，到戰國時代，燕才强盛起來，列於七雄之一，以後屢次與當時東北最大的異民族東胡爭持，擴地至遼河以西，對於開化遼河流域影響頗大。

異民族同化以後之影響

這種民族的同化大約有兩種方法，一種是中國人用武力去征服他們，一種是他們慕中國文化之高而自行歸化。春秋時代這兩種方法都採用的。所以在春秋初年，中國民族的勢力還不過河南，山東二省，及山西之一部，到春秋末年，湖北，安徽，江蘇，陝西，山西，直隸就完全都開化了。這種開化對於文化上自然不能說沒有影響。尤以南方及東南民族之歸化影響最大，因為南方及東方民族在古代本有相當的文化，一經與中國文化混合，遂產出戰國時期道家陰陽家的哲學，和齊楚諸國的文學來。

封建制度之破裂

封建制度本不是個長治久安的制度，無論在何時，封建制度之下總是不能彼此相安無事的。

不過夏商兩代中央政府軟弱的時候，雖然諸侯事實上也不免互相侵伐，不過一則史籍無徵，二則彼時封建制度尙未到終局破裂的時候，故無關重要。惟春秋的二百多年中則爲封建制度之根本破裂的時代，故較堪注意。春秋二百五十二年之中，始則諸侯背叛天子，繼則世卿背叛國君，終則陪臣背叛其主人，以下犯上之事層見迭出，封建制度之不能維持權威，可以想見。到韓趙魏三家篡晉以後，進入了戰國時代，封建制度便完全消滅了。

貴族政治之失勢

春秋時代仍是貴族政治鼎盛時代，列國的執政者，如晉之六卿，齊之高國，魯之三桓，鄭之七穆，都是貴族。這些貴族有的是與國君同姓，有的是與國君異姓，他們的參預政治都帶有世襲的權利，後來漸漸比國君的權柄都大了。不過到了春秋末年，這些世卿的權力也漸漸被他們的家臣奪去了。結果政權逐漸的下移，逐漸的分裂，便給平民以抬頭的機會。加以孔丘等一輩人出來，提倡自由講學的風氣，平民的智識漸漸增高，便開了戰國時代布衣卿相之端了。

宗法社會之崩壞

三代以來，到周朝初年造成的一種宗法的社會組織，到此也漸漸崩壞了。春秋時代宗法社會的權威還存在，大家對於「禮」也很講究，列國君主及卿大夫之酬酢交際，尤重視禮的遵守與否。不過同時弒君，弒父，及一切與宗法社會相反對的事體，也層出不窮，可見事實上宗法社會已行不通了。到了春秋末年，便幾乎完全崩壞，雖有大哲學家如孔丘等想出來挽回這個趨勢，也無能爲力了。

三代的主要生產是農業，這是我們所知的。

農業經濟的破壞

春秋時代仍然以農業爲主要生產，不過因戰爭及交通等關係，舊日的井田制度當然維持不下去，土地漸漸成了私人所有，自由農業制和自由商業制都盛行起來。處於中原的周鄭兩國，其商業最爲發達。不過就大體上言之，還沒有戰國時代的茂盛。

文化之轉變期

總而言之，春秋時代可以視爲上古社會到中古社會的一個大轉變期。春秋初年的社會和春秋末年的社會，截然不同。我們幸而對於這一部分的歷史，尙有春秋三傳及史記等書可根據，故對於這種轉變的情形比較得知道的多些，就此研究起來，是非常有趣味的。

第五章　古代文化的成熟期——戰國時代

從春秋到戰國

現在我們用春秋戰國的兩國名詞來代表時代，是根據紀載當時史實的兩部書——春秋和戰國策——而來的。兩時代中間還隔有一百三十年。這一百三十年也是極重要的文化轉變時代，可惜我們已無史實可考了。不過大體上還可以看得出來這種繼承春秋末年混亂時期，而走向戰國的趨勢而已。

新國家的出現

經過春秋時代二百多年努力的結果，黃河流域的大部，長江流域的一部分，所有的異民族，都已同化為中國人了，所有的小國家，都已逐漸合并為幾個大國了。到了戰國，遂成爲燕趙韓魏齊楚秦七個大國並立的世界。這七國之中，韓趙魏是將舊日晉國分割而成的，齊國是另換了一姓，都算新國。燕楚秦雖是舊國，但燕在春秋時代尚未開化，楚也本來是蠻夷，秦則在戰國初年尙被東方諸國看作是化外，故這三國就本質講起來也是新國。這些新成立的大國，富有異民族的新血，又人口衆多，取精用宏，故戰國的文化得以極度發展，實在是有緣故的。

大都市的興起

因爲這種大國家的出現，於是政治中心所在的地方，人口集中，而大都市遂出現了。如齊之臨淄，趙之邯鄲，楚之郢，都是當時最著名的大都會。這種大都市出現以後，使人才都薈萃於一處，對於文化之提高及普及，都有關係。

商業化的傾向

中國本是農國，春秋時代雖有商人，但也還未占據什麼重要的地位。到戰國時代，商人的勢力漸漸大起來，家資千萬的巨賈也漸多起來了。雖然大部分人民仍然以務農為業，雖然有些國家如秦國之類，仍然極力的扶農抑商，不過山東諸國，商人的勢力却一天一天增長起來，對於文化也極有幫助。

社會風氣之變更

這時候，社會的風氣也與從前大不同了。從前社會上的拘謹守禮的風氣，至此完全沒有了，人民的生活豪奢，任俠好氣的風氣也大行。有些貴族們如孟嘗君之流，且專門提倡這種風氣，所以影響於社會很大。

學問的解放

在古代求學問是很困難的，因爲學問祇是貴族的專有品，不許普通人參預。專司保管圖書的人謂之「史」，「史」在上古與「祝」並稱，本是一種事神的官，有宗教僧侶的性質。上古學術握於宗教家手裏，這是中外一致的。到後來由神權政治變成了貴族政治以後，「史」也就跟着替貴族保守學問的專門職業家了。因此一般平民想求學問是很困難的。到了春秋末年，貴族制度漸漸崩壞，有許多貴族漸漸因種種關係要成了平民，他們與平民接近，以自己的智識教授平民，這才開了自由講學的風氣。歷史上第一個自由講學的是孔丘——雖然以前也許有他人實行過，但已無可考了。孔丘是個貴族後裔的新平民，他平生周遊列國，遍觀各國藏書，所以學問很博。他又召集了許多弟子，授以相當的學識。遊學和講學之風，都開於此時，對於戰國文化影響極大。

布衣卿相之局

因爲這種自由講學之風一開，有學問的人的聲名就容易傳布，徒黨衆多，對於政治社會影響都很大。當時列國君主對於這些學者自然要另眼相看的。加以列國並立之後，各國君主都想延攬人才，所以有學問的人容易取得政治地位，而貴族勢力就差不多完全失墜了。

遊說的風氣

因爲學問的解放，和當時有勢力者對於人才之提倡，遂養成一種自由講學和論政的空氣，而產出一種以周遊列國爲目的的遊士來。這種遊士有兩類。第一類是以學問爲目的的，或者自己學問未成，周遊各地去求師訪友，或者是自己學問已成，到處去傳布學說，廣收弟子。第二類是以政治爲目的的，他們周遊列國，徧訪列國的國君及卿相，以蘄獲得政治上地位。這兩種風氣都開於春秋末年。孔丘就是其代表。

各派思想之成熟

因爲學問自由解放和政治社會都發生大變遷的結果，於是有各派不同的學術出現，古代中國的思想至此始成熟而大放光明。戰國的學派後人講法不同，漢書藝文志的九流十家之說也覺不甚適當。依我們看來，當時最占勢力而確有獨立思想系統的學派，約可分爲五家。卽儒家，墨家，道家，法家，陰陽家是也。

儒家

儒家是最先出的學派，他的創始者是孔丘。當春秋末年封建社會已到最後崩裂期，孔丘生在這個時候，最初想努力於實際政治以挽回這個趨勢，但結果不幸失敗了，於是遂專意于學術之傳布。他生的時代學術的空氣還未養成，故他算是個學術的啓蒙時代的人物。他的思想很實際，多注重於倫理道德。他死以後，學說大興，遂造成儒家一派。儒家後來的主要思想是維持宗法社會的舊道德，講「禮」，講「孝」，想拿穩健漸進的方法去改良政治和社會。末流有孟軻者主張頗激烈，有荀卿者思想近於法家，但都祇能算儒家的別派。

墨家

墨家的創始者是墨翟，時代略後於孔丘，他平生的行逕頗和孔丘相類，也是以政治運動而兼思想運動的。他死後信徒也很多，與儒家對抗爲古代思想界兩大潮流。墨家的重實際精神和儒家一樣，但比儒家更趨極端。他們主張兼愛，非攻之說，反抗當時好戰的風氣。他們的學派後來組織成宗教的形式，以天爲其崇拜之對象，有鉅子爲其宗教之首領。他們的末流，任氣好勇，流爲游俠。

道家　道家相傳始于老聃，似較孔丘尙早，其實老聃不過古代一賢人，與道家思想毫無關係，今所傳道德經一書，實在是戰國時道家所僞作。其餘列子，文子更是僞書。只有莊子比較眞些。這一派思想的正式成立大約在戰國中葉，他們都是個人思想家，不似孔墨之熱心于政治和講學，故無弟子，其傳不廣。他們是極端的自然主義者，凡事以放任爲主，因此也就沒有與他派競爭的野心。不過他們的思想很高，著的書也都有精采之處，所以以後仍然留傳下來，而且對後世影響很大。

法家 法家是最後起的，也沒有主要的首領。大約自戰國末年各派學說已經都發達成熟，彼此比較切磋，自然有最進步的學說出現，法家就是這最後出的最進步的學說。法家學說之最精密者，莫過於韓非子，韓非是荀卿的弟子，荀卿雖是儒家，但其說法後王，重禮治，主張人性惡，都已開法家的端，到韓非出來遂演成法家的理論，韓非對於道家也很有研究，對於墨家雖不崇拜，然實踐的精神頗相同，故韓非可謂爲上古學術之集大成者。法家的學說根據社會進化的理論，主張以法治國，其說最進步，而且確有實效。可惜後人都將他們認爲是慘刻寡恩一流，未免厚誣古人了。

陰陽家

自來講學者對於陰陽家的思想多不注意，以爲是荒誕無稽的迷信。殊不知陰陽家的思想雖未成熟，然在中國確獨成一派，比較他派之思想特異點較多。陰陽家最盛於燕齊兩地，齊國的都城是他們的中心，當極盛時談天雕龍之士至三千人，以鄒衍爲最著名，可惜他們的學說都不傳了。不過就今日留傳的一二點看來，大約他們多注重于智識的探討，有愛美的精神，與希臘思想極相似，大約因同爲海國的緣故。中國的學派像這樣拋棄實踐倫理的立場而注重純理的探討的海國思想實在很少，故此派思想極值得我們的注意。可惜這派思想因與重實際的中國國民性不合，不能大成。末流變爲方士，開東漢以後道教之端。

綜論各派思想

戰國時思想雖極爲複雜，但最主要的不出乎上列的五家思想。就五家比較起來，似乎有點代表地方民族性的色彩，如儒家代表北方民族實際思想，道家代表南方民族虛無思想，法家代表西方民族刻覈思想，陰陽家代表東方民族浪漫思想之類。不過以地方來分派思想，容易牽强，不如以時代之次序分之較好。大約最先起的思想爲儒家，其後有較激烈的墨家出現，又其後有更激烈的道家出現，最後則有最進步之法家思想出現。至於陰陽家則係一部分海國民族的思想，在中國傳統的實踐倫理思想之外別樹一幟，或者倒與古代東方民族的鬼神思想不無淵源哩。

南方新文學之出現

當中國思想界正發生燦爛光明的時候

，中國的文藝界也突然起了一種新光彩。原來中國的民族性本是老實農民本色，對於文學素不留心。故上古竟無可以流傳的文學。到春秋末年，才有詩三百篇的結集出現。詩經中除去了大雅和頌兩部無甚精采外，其餘二南，國風，和小雅大約都是從周初到春秋中葉的民間的歌謠。這些歌謠的形式很簡單，所表現的思想也很素樸，算不得成熟的文學。但是到春秋末年，長江流域的楚，吳，越諸新民族開化以後，文學上便添了一支生力軍，色彩便有些不同了。到了戰國，新民族的楚此時已吸收中國文化完全成功，經過這種文化上的調和以後，文學上便成功了屈原，宋玉等楚辭一派。這一派在文體上固然是一大創新，在內容上也將江淮間幽窈思想儘量插入，都與詩經不同。

後來這一派更加入燕齊一代的陰陽家思想，便成了漢朝的賦體。

第六章　大帝國的出現

從分裂到統一

從有史以來，中國的政治狀況是一天一天從分裂往統一走的，春秋初年的五十餘國，到末年已變成十幾個大國，到戰國時代，更祗剩下七雄了。這種大國的出現，一面提高文化程度，使社會得以發展，一面融合種族界限，使民族完全統一，故戰國時代，國家雖然有七國。而民族早已一致，所以秦始皇一出來，就容易奏統一之功。

郡縣制之成立

秦朝統一中國以後，第一件重要的事就是廢封建設郡縣。本來封建制度到了戰國已經完全瓦解了，秦統一之後，本無再行封建制之必要，所以封建之廢不足爲奇。郡縣之制也不始於秦，春秋時代已有縣名，戰國七雄所置的縣更多。秦始皇不過迎着這個趨勢加以普遍的變更而已。不過廢封建設郡縣之舉，於後世影響極大，究竟不能不說是秦之功。

秦始皇對於後世的影響

時代到了秦，已經不能不從上古社會轉入中古社會了，秦始皇在這個時期，所以便占了歷史上的重要位置。論始皇的本人實在一無可取，不過他在位時所作的一切事件，都是代表當時的潮流，所以關係很大。除了廢封建設郡縣之外，如對匈奴和南方的領土擴張，如文字思想之統一，如君主專制政體之確立，都是與後來有莫大關係的。不過這些事件，其發端都在戰國時代，其收成都在漢朝，秦始皇不過做了過渡時代的一個代表人物罷了。

貴族勢力之反動

貴族社會經過春秋時代的自相殘殺以後，到戰國時代已經差不多快消滅了，雖然有些貴族如孟嘗，平原之流尚負聲望，但已是個人的勢力，並非憑藉貴族的權勢。不過大體說起來，東方諸國，貴族政治尚未能完全取消。惟有秦國自孝公用商鞅以來，即以裁抑貴族勢力，以法治國爲手段，以後的秦國歷代君主也都本這個政策，專用客卿，國家以之日強。到統一天下之後，封建制度既然廢止，又將六國的豪族都徙之咸陽，以防止其反動。但是當時各國的貴族潛勢力還在，受了這種壓迫，自然要起來反抗，所以秦始皇一死，各處的亂事便紛紛起了。

貴族革命與平民革命

當秦始皇統一天下之後，貫澈君主專制的政策，貴族階級已完全廢除，都屬於平民了。但事實上平民出身的人和貴族出身的人究竟還是不同。不過在秦朝的暴虐政治之下，却是同受壓迫者。因此在秦末起兵反抗者貴族平民都有。秦亡之後，劉項爭雄，雖然是個人的競爭，但隱隱中代表貴族與平民之鬪爭。項羽以封六國而亡，劉邦以銷六國封印而興，時勢的潮流既如此，貴族勢力就不得不瓦解了。

封建勢力之反動

劉邦雖是平民出身，究竟當時去封建社會未遠，人民蔽於舊習，總還未能全忘情於舊制度，因此他統一中國以後，也不能不照例封建功臣。但是他生性猜忌，所以被封異姓功臣結果多數都被剷除，而代以同姓侯王。爲恐怕這種侯國勢力過大起見，又中間設立許多郡縣以互相牽制。這種郡國雜立的制度實在是很顯著的表示出封建政治與君主專制政治過渡時期的情勢來。到了漢景帝時代遂起了吳楚七國之亂，這次亂事可視爲封建勢力對於君主專制的一種反動。到這次亂事平後，漢朝更竭力將諸侯王的權柄削小，君主專制遂成功了。

漢與匈奴的競爭

當中國到了秦漢之際，統一的大帝國出現之後，北方蒙古的地方，也恰好有一個統一的大國的出現，東亞的政治舞臺上同時成立了這兩大國，於是競爭的熱劇遂開始了。匈奴本是戰國時代北方的一個小部落，到戰國末年他的勢力已漸强了。當時秦趙燕三國的北境都與匈奴爲鄰，因爲懼怕他，所以三國各築長城。到秦始皇統一以後，將匈奴打敗，修築起長城以爲北界。秦亡後中國大亂，匈奴又乘機復興，他的單于冒頓，很有才幹，東滅了東胡，西滅了大月氏，南下侵略中國。圍漢高帝於平城，漢朝不得已許以和親。自此以後，歷惠帝，呂后，文帝，景帝數朝，對於匈奴都竭力恭順，不敢惹他。直到漢武帝出來，才有積極進取的心思，於是東滅朝鮮，西通西域，以斷匈奴的左右臂，而後以大兵攻取匈奴。武帝這種運動，不但於匈奴和漢朝兩民族的命運及東亞的大局有關係，即對中國與西方的交通也很有影響，是我們値得注意的。

漢與西域之交通

當時中國的西方，卽今新疆及中央亞細亞之地，大小國家甚多，對於漢朝向無關係，但是匈奴因爲是游牧民族的緣故，所以他的勢力可以達到西方。西方的國家都知有匈奴而不知有漢。漢武帝想同西方諸國聯絡以夾攻匈奴，才命張騫去出使西域。張騫到了西域，政治上的使命未成功，但卻帶回了許多新的物件。以後張騫幾次出使西方，對於政治和文化都有莫大的影響。

希臘文化之輸入中國

當紀元前三三〇年頃，馬其頓王亞歷山大(Alexander) 侵入西域，滅了波斯，而征服其地。亞歷山大死後，亞洲爲其部將塞留哥 (Seleucus) 所據，建敍利亞(Syria)王國。到紀元前二五〇年頃，又分爲大夏國(Bactoria)。到紀元前二一〇年頃，大月氏爲匈奴冒頓單于所滅，其遺族從內蒙古西部逃到阿母河(Omur)流域，不久就滅了大夏，重建大月氏國。武帝派張騫出使，也是利用他和匈奴的宿仇，想連結他以共攻匈奴的。大月氏雖是黃種，但大夏却是希臘人，所以希臘文明就從此間接輸入中國。有許多果物如葡萄之類，都是希臘的產品。到了東漢初年，班超做西域都護的時候，更想派人去致聘于歐洲，可惜未能成功。東漢桓帝延熹九年史載有大秦王安敦自日南遣使來致聘。當時漢人叫希臘民族爲塞種，叫羅馬帝國爲大秦。中歐之交通此時已有端倪。中國的物品也間接由亞洲西部的大國安息，輸入歐洲。

印度文化之輸入中國

希臘文化的輸入中國雖較早，但影響不大。漢朝和西域交通後所生最大的影響不是印度佛教文化之輸入。原來大月氏到了西漢末年，他的勢力漸漸侵入北印度，遂吸收了佛教文明，而間接傳入中國。西漢哀帝時大月氏的使者來朝，漢朝使博士弟子秦景憲向之學習佛法，這是佛教輸入中國之始。到東漢明帝時更派人去大月氏求佛經，帶同僧侶二人。到東漢末年，民間漸漸信奉起來。不過漢朝的佛教尚在萌芽，對於社會生活和學術思想都沒有大影響。他的影響要到六朝才擴大。

東北，東南，西南之相繼開化

漢武帝時代是漢朝極盛的時代，除了北伐匈奴，西通西域以外，他東北又滅了朝鮮，將漢朝領土擴張到朝鮮半島，朝鮮之正式受中國文化，實起於此時。後來間接又影響到日本。東南方面，原來有甌越，閩越，南粵三國，甌越，閩越都是越種，南粵的君主雖是漢人，但他的民族也是土著民族，這三國到漢武帝時都被滅了。漢武帝並將甌越的人民遷移到江淮之間，因此民族便漸漸調和了。漢朝滅了南粵之後，勢力一直擴張到安南，安南之受中國文化也可算起於此時。至於西南雲南四川一帶，在漢朝謂之西南夷，分成許多野蠻的部落，也被武帝所征服。總之自漢武帝以後，中國的國境才有了大略的定局，不像從前那樣狹小了。

漢初學派之爭

漢朝興復，被秦始皇所摧殘的各種學派就都紛紛復起。就中墨家任俠一派，在民間社會很流行，但不爲君主所喜，故不能得政治的掩護。其餘各派都很得宮庭間的信任。道家在漢初很流行，漢文帝，竇太后，和曹參等，都很信仰。儒家在景帝時和道家競爭甚烈，景帝，武帝和許多大臣也都信任他，陰陽家則變爲方士，專以神仙之說惑人，信者更多。法家也很有人才，在政治上也很有潛勢力。這幾派在漢初競爭很激烈，尤以儒道兩派爲最甚。到漢武帝時因爲自身好儒，所以採納儒者董仲舒之言，罷黜百家，專崇孔子，從此儒教成爲國教，但是其他學派在社會上仍有相當的勢力。

經學之成立

五經都是古代的史料，不過到戰國時代，經儒家特別提倡，所以與儒家的關係較深些。秦始皇時摧殘儒家，所以這些經書都散佚了。漢朝文景以後諸帝都提倡學問，所以這些經書漸漸都又出現了。到漢武帝時又設立許多博士，專研究這些經義，於是經學遂成爲專門學問了。

今古文經學之爭

漢朝初年經學的傳授都是靠許多儒者的口授，這些儒者都有相當的師承。因爲古代書籍很少，所以都是口授。當秦始皇時代這些儒者受了壓迫不敢出頭，秦亡之後就漸漸出來。他們的弟子到了漢時就都本着師說，寫定許多經典，最初都屬於今文家。後來漢武帝時，有孔子的後人孔安國獻了用周時文字寫的尚書，據說是從孔子的故宅牆內找出來的，這就是古文家之始。不過當時今文家立於學官，佔着正統的位置，所以古文之學不能發達。西漢一代都算今文之學。到了西漢末年，劉歆很提倡古文家學，有許多遺書出現，古文家才漸漸盛起來。到了東漢，古文家便代替今文家而成爲學術界的正統了。

漢初的重農抑商政策

中國上古本是農國，到了戰國時代商人的勢力漸起，一時很是煊赫。商業興盛的結果容易使風俗澆薄，民種衰敝，所以商鞅治秦便極力抑制商人，提倡農業。後來秦國得了大效。不過商人的勢力究未能打倒。漢朝初年因爲社會平和的結果，商業遂又發達起來，一般商人的生活都是很奢華的。所以當時政治上很注意提倡農業抑制商人，對於商人制定許多苛例，如同不許穿綢緞，不許乘車，又有服兵義務之類。不過雖然如此，商人的勢力仍不減殺。

社會之不平均現象

漢朝因是採取重農政策，故對於農

人極力保護。屢減租稅，文帝一朝竟有十餘年全免天下的租稅的。照這種情形，農人應該深受其利了。不料當時土地的分配很不均勻，富者田連阡陌，貧者無立錐之地，因此租稅的減免只與富者有益，貧者得不到多少好處。這個現象到了西漢末年更利害了。當時的儒者多有主張限田之說的。漢武帝時董仲舒首創此說，到西漢末年就有孔光，師丹等儒者更出來提倡。他們都主限制每人有田地至多不得過若干畝。不過當時田多者都是勢家豪族，因此他們的主張受了阻撓，不能實行。

王莽的社會革命

王莽是漢朝的外戚，也是一個儒者，很贊成孔光等的主張。到他執政以後，用權謀篡了漢朝的帝位，改國號爲新，遂實行他的社會改革的主張。他的政策比孔光等激烈，他將天下的田都下令改爲公田，漢朝養奴婢的風很盛，他也下令將奴婢全解放，改爲公有。他又設六筦之制，將鹽鐵等公用之物收歸國有，由國家公賣給人民。他的主張可算得介乎社會政策與社會革命之間的，頗有研究的價值。

社會革命的反動

王莽的人格如何，至今尚是問題，不過他的性情太迂闊，改革得又太急，因此弄得民不聊生，遂生起反動來。他自己看到人民的反對，曉得事情不妙，因此將許多改革的命令又都收回。但是機會已晚了，各地盜賊紛紛起來，都借着恢復漢室爲名。王莽最後兵敗爲當時大家公推的首領漢朝後裔更始將軍的兵殺了。以後又亂了些時，到東漢光武帝平滅羣雄，定都洛陽，才算又歸統一。

東漢初之平定匈奴

匈奴自漢武帝一代屢次北伐的結果，已經大衰了，到了宣帝時代，漢朝又和西域的烏孫國締結婚姻，聯合出兵，將匈奴打得落花流水。元帝時代匈奴內部分裂，五單于爭立，最後呼韓邪單于投降了漢朝，得了漢朝的幫助，統一諸部，遂變爲漢朝的附屬國，一直到西漢末年，都很恭順。王莽卽位後，有意變更匈奴的名號，匈奴不服，因此又叛亂起來。東漢初年，光武帝也不能制服他，只好取閉關政策，不去理他。直到和帝時西域已經打通，才命竇憲北征。那時匈奴已分爲南北二國，南匈奴一向服屬漢朝，北匈奴則崛强不服。至此北匈奴被竇憲打敗，遠遁西方，後來就侵入歐洲，成爲今日的匈加利人。南匈奴仍爲漢屬國，到東漢末曹操將他們遷入山西境內，分爲五部，遂伏下五胡亂華的禍根。

東漢初之平定西域

西域諸小國都在今新疆省天山南路，自張騫和他們交通以後，和漢朝就發生了關係。天山北路有個比較大點的國家叫做烏孫，漢宣帝時代和漢朝結了親屢次幫漢朝出兵打匈奴，結果將匈奴打得大敗。自此以後西域諸國都服屬于漢，漢朝設西域都護和戊己校尉等官以鎭壓他們。一直到王莽末年，西域才又和中國斷絕，東漢初年也無法干涉他們。到漢章帝時，有一個武官叫班超，很有才幹，以少數人的力量收服西域諸國，才重新樹起漢朝的勢力。

羌患之起

東漢時代雖然平了匈奴和西域，但是外患還是不絕，最大的要算北方的鮮卑和西方的羌人。鮮卑的事等下章再講。羌人的根據地在今青海及甘肅之西南部，在東漢中葉以後就起來作亂，漢朝屢次派兵去平滅他，但是討平之後，不久就又起來。到東漢末年這些羌人越發的利害了，漢朝傾了全國的兵力，費了數十年的光陰，花了七千萬緡的軍費，才算勉强又討平了。但是結果弄得漢朝民窮財盡，盜賊四起，終久將漢朝弄亡了。

宦官與外戚之爭

從西漢元帝以後，朝廷上便起了外戚與宦官之爭，這個風氣到東漢更盛起來，兩方面的勢力總是互相起伏，互有勝敗。直到最後外戚勾引外兵將宦官都殺盡而外戚自身也跟着失敗了。這種爭鬭固然是君主專制政治下的敗腐敗現象，但是也可以看作是君主專制勢力與殘餘的貴族勢力之爭鬭。因爲自漢景帝削平七國之亂以後，地方上的封建勢力已經完全剷除了，但是中央還有一部分擁有特殊身分的貴族常和君主暗鬭。他們因爲族大勢衆，所以常常將君主壓倒。最利害的如王莽竟至將漢朝滅掉。君主處在這個獨立無助的境地，要想和外戚抵抗，只有利用最親近的僕役之一法，這是宦官之所以得勢的原因。兩者的爭鬭，實在就是君主專制勢力與殘餘的貴族勢力之爭鬭。

儒教中心之東漢

自漢武帝以後，儒家已取得學問上正統的位置而變爲國教了。到了東漢，因爲皇帝都很信儒，所以儒教更發達。東漢的儒教有幾個特色，第一是純粹變成訓詁和傳註之學，儒者只曉得抱定遺經加以研究，不能另有創作；第二東漢解經之學，都是古文學派，到末年馬融，鄭玄出來，更爲一代的大師。第三東漢的儒者設帳授徒之風很少，往往一個有名的學者帳下弟子至數千人，不似西漢初年之但憑口授了。第四自西漢末年，讖緯之學大盛，將孔子的學說附會許多神話，東漢還是如此。第五東漢之學者很講氣節，末年以太學爲根據地，議論時政，與宦官的惡勢力相爭鬬，很出了許多慷慨死義的名士。

第七章　懷疑與黑暗時代

大帝國之破裂

東漢一朝就政治上說起來實在是個腐敗黑暗的時代，到了晚年，外戚和宦官的爭鬬既然愈趨愈烈，而政治設施也越腐敗，加以和羌人連年的戰爭，弄得人民民不聊生，遂有黃巾賊起來作亂。政府因為想平滅盜賊的緣故，遂加重地方官的權限，結果釀成藩鎮之禍。從東漢末年經過三國，一直到西晉，在政治史上算是黑暗時代，在思想史上也算是懷疑時代。

儒學之反對與懷疑

東漢儒學統一的結果，雖造出許多忠臣義士，但其末流支離破碎，專以經學為門面，毫無補于實際，因此不禁生出反動來。東漢末年如孔融，禰衡諸人已有反對儒教思想之言論，到了三國魏時，何晏，王弼諸人更提倡老莊，反對禮法。西晉時的竹林七賢則更放蕩形骸之外，以清談名理為風氣，和東漢的守禮情形，大不同了。

道家思想之復活

因為反對儒家的結果，想找一條新路

，於是道家的思想乘時復活。道家的思想本是注重無爲放任的，正合乎當時的急求，所以研究老莊之學一時頓盛。不過這時的道家思想偏重于放任快樂一路，甚至如僞造的列子楊朱篇，專提倡享樂主義，這與原始的道家思想就微有不同了。

道教之出現

道教與道家思想是無關的，他是漢朝的方士之變相。因爲漢朝的讖緯之說很盛，所以末流就產出以神仙和符籙爲迷惑平民的平民宗教。東漢末年，這種平民宗教大約很多，到晉時因爲老莊之學很盛的緣故，就都附會到老莊身上，而成爲道教。不過道教的組織和教理之完全發達，還在佛教已經大行以後，竊取佛教的形式才成功的。

新文學之成功

漢朝的紀事說理之文都很發達，但是純

粹文學却祇有從楚辭蛻化成功的賦體一種。賦是一種史詩的性質，嚴格講起來也不能算做純文學。漢朝的賦手除了司馬相如，枚皐幾個作家外，其餘都 拾掇些奇怪的字面以堆砌成文而已，文學的意趣是很少的。大約漢朝是個重實際尙功利的時代，所以事業上成就很多而文學上成就很少。古詩十九首等雖說是起于西漢，其實完全靠不住。大約古詩的體裁起于東漢末年，這種體裁對于舊日的賦體要算是一種新革命。到曹氏父子和建安七子出來，這種新文體的建設才算成功。以後的詩人便都用這種新詩體發表自己的藝術。許多有名的好詩如古詩十九首孔雀東南飛之類，至早也在東漢末年才能出現。同時在文體上也有了新變更，六朝駢儷之文也是自漢末發端的。

地方封建的勢力自西漢武帝以後便已摧殘淨盡了，東漢一代只有宦官和外戚的爭權，而不聽見有諸侯的反抗中央，因爲當時諸侯王的權力已經很微的緣故。三國時代更不足道。到了西晉初年，晉武帝鑒於魏以孤立而致速亡，乃又大行封建政策，結果引起八王之亂。這算封建勢力的一個小小的反動。以後南北朝時代，封建王侯的叛亂也很多，不過比之秦漢以前的封建勢力，則差的遠得多了。

封建勢力之反動

異民族之侵入中國

正是在這種的政治上腐敗到極點，思想上也萎靡到極點的時候，忽然有一種新的生力侵入，給將就腐亡的中國民族以一種新的刺激，在政治上，社會上，思想信仰上，乃至種族血統上，都起了一種新的大變化，這眞是中國歷史上第一件值得記憶的事。這件事是什麼呢？就是五胡民族的侵入中國。

五胡之分析

五胡是什麼種族呢？照舊史所說，是匈奴，羯，鮮卑，氐，羌五種胡人。其實按其實際，只有三種，匈奴是北方民族，羯種人數最少，本不占重要地位，也算是附屬於北方民族的。鮮卑是東北民族。氐與羌都是西北民族，所以實際上只有三種。再詳考起來，鮮卑的民族都是匈奴的後人，也可算得北方民族了。

匈奴民族的盛衰

從漢元帝以後，匈奴已經變成漢朝的屬國了。東漢初北匈奴西遁，南匈奴仍歸屬中國，住在邊外。東漢末年曹操怕他們作亂，將他們分爲五部，徙居于山西中部。這種人經過東漢三國幾百年的陶冶，已經吸收中國文化不少了。到西晉末年，中國大亂，匈奴遺部遂乘機起來作亂，他們的首領劉淵，頗有文武才，能彀利用漢人的心理，尊重中國文化，故統一黃河流域，建設大國。不過他的子孫不能了解這種政策，仍然懷着種族之見，對於漢人頗爲壓迫，因此終久失敗。羯種也是這樣，他們對漢人比匈奴的態度更壞，最後引起漢人的復仇，將羯種完全殺死。匈奴結果也完全同化於漢人，歷史上堂堂的大民族到此遂完了。

氐羌之同化

東漢一代最大的敵人不是匈奴，也不是鮮卑，而是青海甘肅方面崛起的羌人，這種羌人卽是古代史上的西戎，本是一種最强悍的民族。陝西南部和四川北部的氐人，也是與羌人種類相近的一個小部族。當三國以後，羌人歸化中國者甚衆，多散居於陝西省內，到西晉末中國一亂，遂乘機起來。也建設了幾個大國。這兩種人後來也完全採用中國文化，變成了中國人。在西域交通復興和佛教的輸入上，這兩種人關係最大。

鮮卑的統制中國

鮮卑據說是東胡的後裔，當西漢初年東胡民族爲匈奴所擊滅的時候，餘下了烏桓，鮮卑兩個部落。烏桓到西漢中以後漸漸强盛起來，他的根據地在今熱河一帶，東漢時頗爲邊患，直到東漢末年被曹操擊敗，部落才瓦解，遺族也吸收到鮮卑族裏面。鮮卑本也是一個小部落，自從東漢初年北匈奴失敗西逃，南匈奴又歸降漢朝，南遷塞旁，於是外蒙古的地方空虛了，鮮卑遂乘機侵入占據了這些地方，匈奴的遺民十餘萬部落都改號爲鮮卑，從此鮮卑遂一躍而成爲大民族，到三國時吸收了烏桓的餘衆，部落更大了。所以五胡之中，鮮卑的勢力最大，部落最多，年代也最長，正因爲他是承繼匈奴的正統的緣故。我們要知道西晉時代的匈奴，不過是匈奴民族的一小部分，眞正的匈奴民族都已變成了鮮卑人，所以從五胡亂華一直到北魏建國，可算是仍是繼續自秦漢以來北方民族和中國民族鬬爭的大形勢，直到北魏孝文帝採用漢化以後，北方民族才算是完全同化於中國民族，才因而產了隋唐的新文化。

鮮卑的漢化

鮮卑人從西晉末年就建設了許多國，就中

如前燕等文化頗高。最後拓拔氏出來，乘機統一了中國北部，建設了北魏大帝國，五胡亂華的形勢至此遂告一段落，而造成鮮卑民族與漢民族南北對抗的新形勢。到了北魏孝文帝出來，極力採用漢化政策，遷都城，易服色，改姓名，改言語，結果使鮮卑人完全同化於漢人。這個政策對於中國歷史的影響極大。因爲從此以後中國民族的內容擴大了，陡然增入許多有力的新分子，將舊民族舊文化從衰老的狀態中挽救出來。以後隋唐大帝國的新氣象，都是從這個民族的大調和上孕育出來的。

印度思想的輸入

印度的佛教思想雖然早已輸入中國，但是未能盛行，直到五胡亂華以後，挾着異民族遷徙之力，才大規模的正式輸入。因爲這些異民族多是與中亞有關係的，中央亞細亞當這個時代本是佛教的中心，那些異民族從這裏直接間接學到了佛教的信仰，侵入中國以後，就拿這種教義征服中國人。就中如後趙石勒之崇信佛圖澄，後秦姚興之崇信鳩摩羅什，於中國佛教的發展，都有非常的影響。

東西交通之復開

從東漢中年以來，中國同西域的交通就從新斷絕了，到了這時候，因爲異民族的侵入而中西陸路交通復開。而且當時因南部中國之開化，而海路也開闢起來。陸路是從陝西甘肅走新疆——當時尚係西域諸國——而達中央亞細亞，海路則由廣州出發，航行南洋羣島，最西曾抵印度。

南部中國之開化

自漢以前，中國的文化中心都在黃河

流域，東漢末年長江流域建設起吳，蜀兩國，將長江上下流逐漸開闢，吳國的討平山越，蜀漢的征服南蠻，都是中國民族在南方經營異民族的一種步驟。不過當時長江流域甫經開闢，尚未臻發達，所以合吳蜀兩國之力不能敵一魏國。到西晉末年，北方陷於夷狄，晉室南渡，北方的世家大族以及平民都紛紛南遷，因此長江流域驟然開化。雖然北方的歷史上憑藉很遠，元氣不久即恢復，但從此南北文化地位平等，直到宋朝以後，南方就駕於北方之上了。

第八章　新文化成熟時代

黑暗與光明

從紀元後三世紀到四世紀末，即三國和東西晉的時代，在中國歷史上是一個黑暗的時代。但這種黑暗是有代價的，他的代價是民族的大調和，和印度新思想的輸入，到了五世紀初年，這個準備工夫已經成熟，於是新文化的光明遂顯示出來。就中國歷史言，這種新光明時代之開始期當自南齊卽北魏孝文帝時代以後起。

異民族之完全同化

北方自鮮卑的北魏平滅諸部，建設起大帝國來以後，各種侵入中國的異民族已冶爲一爐了。到北魏孝文帝以後，力倡漢化政策，從此鮮卑就都知道羨慕華風，雖然一時不能說全部同化，然而大體上已經降服於中國文化了。到了北魏分裂爲周齊兩國，北齊的漢化較淺，北周則最深，北周滅了齊之後，鮮卑人便完全同化於中國了。

佛教之流行及發展

自從趙石勒極力提倡佛教以後，佛

教的信仰便漸漸流行於中國，當時無論南北在一種思想上的煩悶時代，得了這一支生力軍，豈有不積極追求之理？所以歡迎胡僧東來和華僧西渡求法的事便大大盛行起來。對於佛教在中國傳布最有大影響的，要算鳩摩羅什之東來，和法顯之西渡。鳩摩羅什本是龜茲國人，受後秦王姚興的優禮，住在長安，翻譯經典，從此中國人對佛教才有了正確的觀念。法顯則自海路航行印度，尋求經典，著佛國記一書，爲旅行記中之古典。這兩人可以代表當時中國人歡迎佛教的兩大方式，四世紀以後，東來傳教和西渡求法的和尙絡繹不絕，給中國思想信仰界一種極大的幫助。

佛教哲學之發展及其貢獻

佛教不單是哲理的宗教，而也是平

民化的宗敎，自異民族侵入中國以後，他們的民間的信仰佛敎的風俗，傳染到中國社會。四世紀以後，佛敎正式成爲民間的信仰。上自宮庭，下至編氓，都被佛敎的信仰所支配。北魏的歷代君后無論矣，卽南朝的漢族諸君主，如梁武帝，陳武帝等，都幾度舍身於佛寺，可見當時佛敎勢力之大了。

中國自創之佛敎

佛敎在印度最發達的派別本是小乘，但到中國來的却都是大乘。起初中國人對佛敎敎理尚未全部了解，故所望祇在盡量的翻譯介紹。到鳩摩羅什以後，介紹的工作已告相當的段落，於是中國人自創的佛敎遂紛紛出現，最初北魏時代曇鸞創淨土宗，其後陳隋之間，智顗創天台宗，唐初杜順創華嚴宗，玄奘創法相宗，慧能創禪宗，這些宗派之中除了法相宗係印度本有但經玄奘發揚光大之外，其餘各派都是中國人自創的，不過託言源出印度罷了。

由分裂而統一

從西晉以後，中國分裂了百餘年，北魏建國後，北方統一，造成南北對抗的局面，這樣又過了百多年，北魏分裂爲周齊兩國，但是不久齊爲周滅，周又爲隋滅，隋又滅了南方的陳，從此中國遂復歸于統一。隋朝雖然傳世不久就亡國，但是後來唐朝統一帝國的種種規模都是從隋朝起的。

藝術上所受西方文化之影響

從東西交通恢復，印度文化輸入以後，不但中國的思想信仰界受了影響，卽藝術上也生了極大的變化。中國自漢以前，藝術觀念本很薄弱，這時候受了西方文化的影響，幾乎全部被外來的藝術征服。繪畫，音樂，建築，雕刻，乃至文學．戲劇無不如此。

繪畫之發展

漢朝的繪畫傳下來的只有武梁石祠畫像，是很素樸的，到六朝時代，佛教輸入，繪畫界受了影響，遂大發展起來，張僧繇，顧覬，陸探微諸人，都以畫佛相，畫龍，畫獅子等著名，這都是受了佛教作風的影響。

音樂之進步

中國的古音樂是琴瑟之類，也是很單純的，到六朝以後，西域交通恢復，才有許多新樂器，如笙，笛，琵琶之類輸入，音樂及戲劇界，都生了絕大的變化。唐朝玄宗以後，音樂的成熟達于極點，造成了一種優美文雅的生活，這是歷朝所沒有的。

建築雕刻之進步

中國的建築在秦時已經發達，但形式大都是方整的，沒有變化。六朝以後，佛教輸入，於是印度風的建築如亭幢塔廟之類，就發達起來，給中國人的居室以一種新形式。南北朝的建築特別發達，其中窮侈極麗，變出意表，可說大半受西方的影響、至于雕刻一事，中國向不發達，唐朝有個楊惠之，算是塑像名手，當然也是受佛教的影響啦。

詩歌之新體裁

我們在前面已看到當東漢末年，已經有一種革命的新詩體流行起來代替了舊日騷賦的地位。這種新詩體逐漸分化爲兩種形式，在文人學士社會中流行的莊雅端重的體裁則爲古詩，在民間社會中流行的自然輕麗的作品則爲樂府。無論古詩和樂府，因爲他的語句的構造和篇幅的節制很合乎語言的自然韻率，故在此後千餘年中終成爲中國詩歌之正統，而不能搖動，不過到了南北朝末年，受印度音韻學的影響而有四聲之區別發生，將此四聲應用到詩裏，造成一種更工整諧和的新詩體，便是律詩。在以後千餘年中，律詩與古詩佔同等重要的位置，也可算受外來文化之影響了。

小說之流行

詩歌而外，小說之流行亦爲受西方文化的影響之一。筆記體裁的神怪小說，起于六朝，顯係受了佛經的影響。到唐朝則發達成爲結搆描寫俱佳的短篇小說，在中國文學史上可算一大進步。

戲劇之出現

中國古代無正式的戲劇，到六朝時代從西

域輸入許多新的樂器，才造成一種簡單形式的歌舞劇。至唐時戲劇逐漸發達，雖未若宋元以後的完全成功，然比較上古已經不可謂不進化了。

南北文化之分野

自漢以前只有北方文化，南方尚在未開化時代，自西晉末北方受了異民族的蹂躪，而南方則因漢族之遷移而紛紛開化，自此以後南北文化遂成對抗之局。大體上南方文弱，而北方剛健，在文學及藝術上表現這種色彩尤其顯著。

社會階級的分化

北方因爲異民族的侵入，固有的漢族爲保持自己族姓的清白起見，常常拒絕與異種通婚姻。南方新遷入的漢族對于土著的平民亦然。因此南北都形成一種社會上特殊階級。北方的崔氏，盧氏，鄭氏，南方的王氏，謝氏，都是社會上最有榮譽的大族，帝王都無法與他通婚姻。

均田制之實行

均田之議自漢儒極力鼓吹，漸成爲一種學者間的公論。到西晉武帝平吳後遂作戶調之法，將土地收歸公有，分配於人民。但不久西晉亡，其制遂廢。後魏孝文帝又作均田之制，其法分世業田及授田兩種，自此以後北周隋唐都因其制，到唐天寶亂後始廢。

第九章　隋唐帝國的黃金時代

由分裂趨統一

自西晉末年，五胡禍起，中國趨于分裂。雖然表面上看起來形勢很混亂，不容易得一個頭緒，其實詳細分析起來，形勢也很分明。當時中國的大勢始終是一個南北對立的局面，而北方又始終是一個東西對立的局面。前者是很容易看得出來的，後者則最初有前燕，前秦之對立，而燕爲秦滅，稍後則有魏與夏之對立，而夏爲魏滅，再後則有東西及魏北齊北周之對立，而周卒統一北方。可見當時北方雖然混亂，其實統一的機會也很多，大體上國民的趨向是往統一方面走的。至於南北朝雖然對立了好多年，但中間也很有統一的機會，如桓溫，如劉裕，其北伐事業都幾乎成功。中國民族性的趨向統一，是分裂所以終久不能繼續的最大原因。

北魏的工作

當時中國分裂惟一的危機在種族的不易調和，但幸而魏孝文帝起來完成了這一部工作，他努力使異族吸收中國的文化，化除了種族的界限，在中國統一事業上，他眞是一個大恩人。次于魏孝文帝而在當時統一事業上有大功績的便是北周的始祖宇文泰。他的努力于政治的改革給後來統一帝國留下許多好的先例，到他兒子武帝手裏便滅了北齊，而統一北方。

隋代大帝國的成立

從北周的很穩固的政治基礎上，遂促成了隋朝大帝國的出現。從此中國便從新入於統一平和之途。隋朝傳祚雖然很短，但後來唐朝的一切文物制度都是承接隋朝而來的，所以他的關係也很重要。

運河之開鑿

隋朝給與後世最大的影響要算是運河的開鑿了。在運河未開之先，中國南北的文化風俗上顯然有不同的趨向，這種趨向是有害于國民性的統一的，推其原因是由於南北交通之不便。自隋煬帝因遊幸江都而特開運河，自河入汴，自汴入淮，南北的交通從此便利許多，雖然他的動機是爲一己的私欲，雖然當時人民受了很大的騷擾，但對於後世却不能不說是一種很有利益的工作。

科舉制之興起

隋朝的第二個大工作是廢漢魏以來辟舉之制而代以科舉考試制。我們前面已經曉得六朝時代社會上階級的區別很嚴，爲這個階級制度作保障的還有一個制度，就是漢魏以來的辟舉之法。漢朝的拔取人才都是由于辟舉，即由各地長官採訪人才保薦上去，再加以考試錄用。到魏晉以後這種採訪人才的責任便專歸到一種名爲九品中正的官上去。結果這種九品中正專仰給當地勢家的鼻息，平民中雖有奇才異能之士，不經他推舉，永遠不能自達於朝廷，這是人才沈滯的最大原因。到隋煬帝時，便毅然廢了此制，特開進士科，令讀書人自由報名應考。從此平民參政之途復開，社會階級遂不攻而自破了。

與日本的交通

隋朝時代中國統一，國威遠播，北服突厥，南通南洋，西開西域，都和後來幾百年的東亞大局有關，不過在文化上最有關係的要算與日本的交通。自日本于隋煬帝時代遣使來交通後。到了唐朝，兩國的交通更甚，日本的學者僧侶紛紛留學於中國，回去之後，盡力的灌輸中國文化，就將一個野蠻的島國開化了。

唐太宗的治績

隋文帝是個恭儉勤勞的令主，假使繼起

者能稍稍追隨他的治績，隋朝的統一事業定可繼續下去。不幸他的兒子隋煬帝荒唐到了萬分，生生將個已經安定了的社會，攪擾到雞犬不寧。廹不得已，人民才起來自衞自救。遂促成了唐朝的代起。唐朝的第二代君主太宗，是個非常的英傑，他親手用武力掃平了羣雄，又用文治將中國引導入了和平的軌道，開此後三百年統一帝國之局。眞是歷史上可以紀念的一個大人物。

突厥之破滅

從鮮卑入據中國以後，蒙古的土地爲鮮卑同種的柔然人所據，很爲北魏之邊患。南北朝末年，柔然勢衰，有一個新民族名突厥者代起。當時中國分裂，疲于內爭，故突厥很跋扈，其勢力直達中亞，爲亞洲第一强國。到隋文帝統一中國之後，用離間之計，使突厥自行分裂，因以降服之。隋亡後突厥一時又强。到了唐太宗時候，始以武力征服蒙古及新疆，東突厥歸降中國，西突厥遠遁西方，遂爲後來土耳其人之始祖。

極盛時代之唐朝

唐朝的極盛時代要算太宗高宗兩朝，當時帝國統治的勢力東達朝鮮，西達波斯，北達西伯利亞，南及南洋羣島，此外日本及印度也都仰望風采。在全世界上除了阿刺伯人的回教大帝國外，再無能與抗衡者了。

唐代的東西交通

唐朝的國威既然如此遠播，因此與西方的交通自然也就頻繁起來。當時東西交通有海陸兩道，陸路從長安西行經甘肅，新疆，越葱嶺，經中央亞細亞、西達波斯，南抵印度。海路則從廣州出發，航行南洋羣島間，西抵印度錫蘭島，最西或入波斯灣與阿剌伯帝國交通。海陸兩路，貿易都很繁盛。

諸宗教之輸入

唐太宗對于宗教取寬容自由的態度，因此國內各種宗教都很發達，除早經輸入之佛教及中國人自創的道教之外，由亞剌伯傳入之回教，由波斯傳入之祆教，摩尼教，景教，都在中國建寺收徒，傳佈甚廣。

玄奘之西行求法

唐朝因爲姓李的關係，遵道教始祖老聃爲玄元皇帝，定道教爲國教，故道教之傳佈很盛，不過以教理之深，勢力之廣論，仍不如佛教。當太宗時有名僧玄奘西行赴印度求法，凡旅行十九年，在印度學得最高智識，戰勝一切異端，歸國之後，備受國人歡迎，終身翻譯經典，給中國的宗教界及翻譯界都開闢一條極大的光明路逕。

唐帝國之黃金時代

從唐朝開國以後，太宗高宗兩朝都是向外發展時代，國威很盛。高宗以後，雖然有武韋之亂，但都是宮廷間的爭奪，當時帝國全部仍然堅固，國力仍然不斷的向外發揚，到玄宗出來，政治復入軌道，遂造成開元天寶間三十餘年的唐朝歷史上的黃金時代。

由盛而衰

唐朝的國勢到了開元天寶之間正是如日中天的時候，突然遇了安祿山的叛亂，黃河流域都捲入戰渦。亂平之後，河北藩鎮紛紛割據，河南的軍人也常有爭奪發生，中央政府威信日墮。內裏又爲宦官憑藉禁軍之力，把持政權。

唐朝政治像這樣一天一天衰頹下去。不過雖然如此，究竟開國時所遺留的憑藉很厚，一時尚不至就全形瓦解，就帝國的全部情勢看，大部分尚在與中央發生連屬關係的平和狀態之中，這種平和狀態以後還繼續了幾乎二百年，在這二百年中，社會上各種事業仍然繼續往前發展，大體上看起來仍然是黃金時代。

唐帝國之經濟力

維持唐帝國使不至於卽行衰頹的重要原動力是在當時的經濟狀態。當隋唐以後，南方的經濟力已經超勝于北方了。當時南方的經濟中心，約有三個。一是四川，距唐都長安最近，號稱天府之國，一是江淮，當安史之亂時，賴張巡許遠保守睢陽，使江淮之間不受蹂躪。亂平後中央政府的經濟就大半仰仗這地方的財賦。當時鹽利復興，因運河的關係，揚州成爲最繁盛的都會。還有一個是廣州，當時因與西方諸國交通的關係，故廣州成爲海外貿易之中心，唐朝特設市舶使以徵取財賦，亦爲國用之大宗。當時中央政府既有此三個重要經濟中心在手裏，當然境象尙好。社會經濟也因之照常發達。直到黃巢作亂，將廣州及江淮盡行蹂躪後，才使帝國眞正瓦解。至於北方雖經軍閥割據，但大體上也是和平時代爲多，故直隸山東一帶，社會經濟力也很發達。

詩歌之極盛

唐朝文化的最高表現是在文學和藝術，尤其是詩歌方面有極高的成績。唐朝因爲以詩賦取士，所以詩的研究極精。初年有初唐四傑，及沈佺期，宋之問等，其時體製尙未完成。到了開元天寶之間，詩人輩出，大體上可分四派，王維，孟浩然等一派，專以自然爲宗，後來繼之者有韋應物，柳宗元等，可以說是詩家的正統，高適，岑參一派，描寫塞外境物，悲壯淋漓，係從北朝樂府化出，開後來張籍，李益等樂府之風。李白天才橫逸，逈絕百代，後無繼者，但却可爲集古詩之大成者。杜甫詩境包羅萬象，開闢新境，號稱詩聖。自杜甫以後，詩的領土突然加了許多新意境，新方法，可以算是詩界革命家。以後的詩人，幾乎十分之八九都是杜甫一派，其他各家便相形見絀了。

散文的革新

自魏晉以來，文體上採用了駢儷之體，散文幾乎廢止，隋唐以後漸有厭惡這種文體而想加以革新者，但實際上影響尙少，直到韓愈柳宗元等出來，力倡恢復古文，於是散文才又復活，這是一派。此外民間流行的小說故事等，亦多係文人捉筆，雖然駢散間行，但敘事纏綿婉轉，成就甚佳，也是一派。又有些和尚及儒者等，用白話來作語錄，開宋人之風，也不失爲一派。這三派雖然方面不同，內容也異，但都是對于舊文學的一種革新。

繪畫之進步

除文學而外，唐朝藝術的成就也很高。繪畫自唐初已有閻立本等以畫人物佛像著名，開元中吳道子集此派之大成，結古派之局。同時李思訓與王維俱善畫山水，李爲北派，以工筆見長，王爲南派，以意境見長。王維的一派，後來流行于文人學士之間，成爲中國畫的特色。書法是中國的一種特有美術，發始于魏晉，到唐朝也很出了許多名家。

音樂之發達

唐朝的音樂更是發達，當時政府有國樂，有宮庭之樂，有官妓專爲人彈奏音樂，私家蓄聲伎的也非常之多。文人學士無不精通音樂。當時的詩歌絕句都可譜入樂器。後來遂有詩餘一體出現，開宋詞之先。唐玄宗時代提倡歌舞最盛，音樂的大發達當起于此時。

唐代人的生活

唐代是個文學藝術空氣最濃的時代，故生活極爲優美，飲食衣服居室都有進步。雖武人也知尊重藝術。社會上禮敎也很疏闊，女子爲女道士，女妓者甚多，男女交際似乎也不很嚴。對于思想，宗教等槪取自由信仰態度，壓迫很少。

第十章　文化的收斂與民族的屈辱

唐帝國之病徵

唐朝帝國經過三百年的和平豐樂，破綻便逐漸顯出了。一般人因爲生活太舒服，流于享樂主義，毫無氣節和抵抗了。軍閥又只曉得剝削人民，弄得社會經濟一天比一天枯窘。宮庭之間也奢侈過度，不顧民生疾苦。結果引起黃巢流寇之禍，帝國經不住打擊，便瓦解了。

黑暗之五代

從黃巢起兵始，一直經過了多年的爭奪屠殺，造成了五代的局面。這六七十年中可算是中國文化史上的黑暗時代，除了南唐和後蜀的詞的作品以外，簡直沒有一些成績可言。這當然由於環境不良的關係。

外患之日深

從唐朝中葉以後，北方的回紇，西方的吐蕃，南方的南詔，東北的契丹，已經紛紛來侵略了。不過這些尚都非腹心之疾，直到後晉石敬塘將燕雲十六州割讓給契丹，從此東北藩籬俱失，開此後三百年中國民族屈辱之局，眞是歷史上應該注意的一件大事。

統一之復現

經過五代短期的分裂，到宋太祖時代，中國便又歸于統一。宋朝的政策是取保守主義，對外一度競爭失敗，遂事事取退讓態度。對內政治尚好，但也只是苟安敷衍，並無遠大的計畫。不過因此中國人民又得了一百多年的休養蘇息，一切文化得以自行發展，也未始非政治安定之功。

苟安的思想

在北宋一代最有力的思想是苟安平和，上自君主，下至士大夫平民，都懷抱着同一的見解。對外務求屈服忍辱，每年拿許多金幣送給遼以求和平，甚至西北小小的西夏，也要每年送許多錢給他。對內則諸事取敷衍態度，養兵甚多而不能用，設官甚多而無所事事。稍有作爲的人便受排斥，這是暮氣民族的表現。

文學的復興

在這種平和的境地之下，文學自然容易發育。唐朝雖然有韓愈等提倡古文，但士大夫社會間流行的文體仍然是駢體。五代和宋初仍然如此。到北宋中葉歐陽修出來，始提倡恢復古文，以矯當時的風氣。自後有曾鞏，王安石，蘇洵，蘇軾，蘇轍等古文名家輩出。古文遂代駢文而爲文學正統了。不過宋朝的四六文也還盛行于社會，別有一種風格。

詩的發展

自唐杜甫以後，替詩界開了一個新領土，後

來作者都不能出其範圍。中唐以後如韓愈的奇崛，白居易的平易，李義山的縟麗，都是從杜脫化而自成一家者。晚唐五代及宋初，大家都學李義山體，到歐陽修出來，才打破這種空氣，另創新派。以後有梅聖兪，蘇舜欽，蘇軾，王安石，黃庭堅等。而蘇軾天才最高，成就最大。南宋有陸游，金有元好問也都是大家。黃庭堅一派到南宋盛行，號爲江西派。宋詩的長處就在更近於言語的自然，短處在議論多而神韻少，所以不及唐朝。

詞的發展

詞是一種新創的詩體，較詩的形式稍爲複雜，故能表現詩中所不能表現的意境。這種體裁大約始創于唐末，到五代時後唐，南唐，後蜀的君主和宰相都喜歡作詞，故風氣大開。其中尤以南唐後主李煜所作最爲超絕，是中國歷史上第一個大詞人。到了北宋，作者更多。晏殊，歐陽脩，柳永，蘇軾，秦觀，黃庭堅都很有名。大約柳永，秦觀等以字面蒨麗見長，雖非一派，大體上相近。這一派是詞的正宗，後來無能繼者。蘇軾一派以意境豪放見長，到南宋有辛棄疾更加痛快，末流簡直像說白話，發議論，沒有詩的意義了。北宋末年有周美成者因深通音樂，故所作詞皆切合音韻，以此爲人所重，到南宋姜夔，吳文英等出來，更加向此方面發展，其末流專顧音韻及字面，不顧內容和神理，竟至不通。大約宋詞因能譜入音樂，故其流行更普遍，平民社會也很盛行。

藝術的發展

宋朝的藝術如音樂繪畫等都很發展，音樂

雖無傑出的人才，但在宋代很是普遍，並且與當時的新文學——詞——結合，到金元時便變爲戲曲。繪畫到五代時已有荊浩，關仝等名家，到北宋更加名手輩出。北宋末年宋徽宗創設畫院，集許多名手於其中，其成績在中國繪畫史上要算空前絕後。可惜到南宋以後，王維一派的山水畫流行，文人學士圖其省便，大家只管意境，不管結搆和描寫，宋畫院派那種偉大莊嚴的氣象遂喪失了。

變法革新的失敗

北宋的內政儘管平和，但是弊端一天一天地加多，外交界更是不堪言了。因此當時有志的人都想加以改革。其中歐陽修，李覯，一派的江西人，主張功利主義，最能救治當時的弊病。到王安石出來，得了神宗的專任，遂一意變法維新，以富國强兵爲目的。不幸在宋朝那種苟安的空氣之下，保守派的勢力很大，王氏終于失敗。自此以後，新舊兩黨互爭，弄得爲小人所假借，失去本來的意義，而宋朝也終于亡了。

黃河流域的失陷

宋朝一代與外患相終始。起初東北有遼人是宋的勁敵。不過遼之興起是始于五代，到宋初已經有些暮氣，故不能有作爲。到北宋末年，遼的屬部有女眞一族突然興起，先滅了遼，又侵略宋朝，宋朝不能抵抗，徽欽二宗被擄，高宗南渡，遷都于杭州，黃河流域從此失陷于異族。這種異族不像五胡的亂華尙有西方文明可以輸入，他們的成績只是蹂躪地方，又過了一百年金人也被蒙古所滅，黃河流域二度被蹂躪。黃河流域經過這幾次游牧民族的侵襲，元氣大傷，至今不能恢復。

蒙古人之崛起

金與南宋對立了一百年，兩方面在文化上都仍然承襲北宋的苟安主義，所以毫無氣色。到了末年北方興起了一個新民族，名叫蒙古，他們的首領特穆津統一了蒙古諸部，西滅了花剌子模，南滅了金，他的子孫繼續着掃平歐亞許多國家，滅了南宋，建設了一個大帝國，四個大汗國，在政治史上和文化史上，蒙古人都是一顆大彗星。

蒙古人對於世界文化的影響

蒙古人當時所處的地位是很好的，國土既然這麼大，威力又這樣普遍，世界上的幾個文化中心如中國，波斯，阿剌伯，印度，歐洲都直接在他的勢力之下，蒙古人如少有智識，則至少融合世界文化的責任是可以作的。可惜蒙古人是一種最固執的游牧民族，他們不但不了解文化的需要，並且也無意去了解他，他們的破壞力最大。阿刺伯帝國的文化全由蒙古人將他毀完，波斯與中國也受蹂躪不少。不過到這種民族一旦定居一地，由行國變爲居國的時候，中國的文化便立刻征服了元朝，而波斯與阿刺伯的回教文化也終于同化了伊兒汗國。

東西交通的開闢

蒙古人因爲領土廣闊，所以很注意修路，又創驛站之制，對于交通事業頗有建設。故當時世界交通頓然較前便利。海陸兩路都很發達。中國人之開發南洋也始于此時。意大利人馬可波羅(Marco Palo)來游中國，歸後著游記，風行歐洲，遂引起歐人侵略東方的心思。

蒙古人雖然征服了世界，但對于文化上並無貢獻，中國的文化仍循舊有的老軌道走，一些也不變更。

理學的盛行

當北宋中葉，有陳搏一派道家思想與儒家結合，遂產生了新儒家的思想，後來又吸收了佛教的理論，當時稱為理學或道學。北宋的有名道學家有周敦頤，張載，程頤，程顥等，到南宋朱熹出來始集其大成。與朱熹同時的有陸九淵和他反對，又有呂祖謙，陳亮等倡功利主義，但都勝不過朱熹。南宋末年朱氏一派道學空氣籠罩長江以南，到元朝更普遍了。朱氏學說主張主敬存誠，其為說本來近乎經驗派，末流之弊過于拘謹，重視個人私德，輕視公衆事業，遂成為一種束縛人心才智的工具了。

喇嘛教之流行

佛教到了唐朝已經極盛，後來惟禪宗最爲流行，其爲教派不立文字，故便于作僞。又有眞言宗者專以密呪爲主，不盛于中國，惟自唐初卽流入西藏，當時西藏吐蕃國初强，吸收中國及印度文化，最歡迎這一派的佛教。結果自唐末經過宋朝一代，僧侶的權一天大一天，就挾制國王，干涉政治了。蒙古人滅了吐蕃以後，將這種教輸入中國。蒙古，滿洲人都信奉他。在中國雖未流行，但與民間道教的神秘思想結合，產生許多秘密的宗教。其中勢力最大者爲白蓮教，元之亡卽亡于白蓮教人之首先倡亂。

戲曲的發達

元人在文化史上惟一的光榮是他們的劇本

。原來戲劇到宋朝已很有規模了。金時雜劇盛行，已有文學家從事製作劇本。到元朝更作者輩出，馬致遠，關漢卿等最爲傑出。不過以結構論元曲尙極簡單，不及明代傳奇的完備了。此外有散曲一種，係單獨塡寫沒有脚色賓白的，與詞差不多，這就是一種新詩體了。

第十一章　東西交通之初啓與民族精神之復興

宋末的民族思想

宋朝自開國以來就很尊重智識階級，所以宋朝的智識階級也很有權威，他們的勢力常能影響國政。因此宋朝也很得到他們許多幫助。譬如北宋末年，蔡京，童貫等小人執政，就有大學生陳東等伏闕上書，請除奸救國。南宋初年這種士氣因外患的結果，一變而爲民族的義憤，社會上的輿論都主張對金人取强硬態度，主和的秦檜所以被後人駡得狗血淋頭的緣故，就因爲他違背了這種人民公意。到南宋末年，更有文天祥，陸秀夫一班書生出來替宋朝作最後的掙扎。宋亡以後，遺民如謝翶鄭所南輩更大鼓吹民族思想，當時雖未見效，但元之速亡未始不受這種鼓吹的影響。

明太祖之平民革命

中國歷史上雖然每隔二百多年必有一次改姓易代的革命行爲，但就每次革命的性質統計下來，大都是以地方反抗中央的行爲，其因虐政壓迫而激起之人民自發的革命，僅有秦末，隋末，元末三個時代。秦末漢高帝以平民革命而成功，但同時起兵的却多是六國的後代，高帝最初也依賴楚懷王的聲勢，所以大體上還是貴族革命的性質。隋末羣雄大多起自民間，但成功的却是貴族出身憑藉地方勢力的唐高祖，所以也不是純粹平民的革命。獨有元朝末年，最初舉兵的韓林兒，劉福通輩是白蓮教的頭目，以後各地舉兵的也都是平民，明太祖更是道地的無產階級，這個倒確是以前所沒有的。所以致此的原因，大約由於元朝壓迫漢族過甚，所以漢人沒有得到重要的政治地位的緣故。

明太祖之專制主義

平民出身的明太祖，一到得了帝位之後，比以前的歷朝君主更會取壓迫專制的手腕。他的殺戮功臣有似漢高帝，而干涉思想，迫害文人，比漢高帝還利害。他因爲要大權獨攬的緣故，連宰相也都廢去。並且定出廷杖朝臣之例，摧殘士氣無所不至，眞是一個專制的惡魔王。

八股文之成立

自隋煬帝創科舉考試制以來，歷代雄才大略之主都以此爲牢籠人才的工具，唐太宗至有『天下英才入吾彀中』之傲語。唐朝考試主要科目有進士，明經兩科，進士科專考詩賦，很受社會的尊敬，所以結果唐朝士人多虛華無實。到了宋朝王安石想矯正這種弊病，就創以經義取士之法，結果反造成許多迂闊無用的腐儒。明太祖是個不懂學問的人，他一心只想禁錮思想，消滅反動，于是更創出八股制義的體裁，簡直是一種文學上的游戲，此制一出，歷明清五百餘年，愚蔽學者的頭腦，以致國弱民愚，結果非常之壞。

道學之統一思想

南宋的道學，到了元朝就成了社會上唯一的權威，無人敢加以反對、不過還沒有得到政治上的正式保護。及至明太祖卽位，因爲想借道學壓制當時的人心，並且自己與朱熹同姓朱的緣故，就欽定考試制義必許以朱熹的學說爲根據，不許有人反對批評。這樣一來，朱學被專制帝王所利用，就成了禁錮思想的利器了。

航海事業之發展

明初卽十五世紀之時，正歐洲航海事業剛發展的時候，中國的航海事業也同時發展。當元朝征服後印度半島及南洋羣島的時候，中國人對于航海已漸注意。到明成祖時代，派遣宦官鄭和出使南洋，前後數次，其行踪東至非利濱羣島，西至非洲東海岸，所至征服土著諸小國，替中國民族開了一條發展的新路。自此以後，國人往南洋貿易謀生者漸多，南洋寖成爲我族人之殖民地。

歐人之東來

在鄭和出使南洋之後約十年，即一四九八年（明憲宗弘治十一年），葡萄牙人華士哥德嘰馬（Vasco da Cama）發現了南非洲的航路，從此歐亞交通開了一條新路徑。葡萄牙人首先東來，略得了印度的臥亞，及南洋的馬剌加，拿這兩個地方作東方侵略的根據，從此進而與中國謀交通。最初由廣東上岸，寄居在上川，電白，澳門三地。到一五三五年（明世宗嘉靖十四年），向中國政府租得澳門島，以後歐人來華便有了確定的居留地了。

陽明學派之興起

到了十六世紀初年，正是世界的大勢開了一個新幕的時候，中國的思想學術界也起了一番新運動。朱熹的理學雖然經朝廷提倡，但行之日久，作僞百出、社會上已經生厭了，到明武宗的時候，有一位大豪傑名叫王守仁的，在政治界立了許多功業之後，就轉回頭來提倡哲學。他的學說以致良知爲綱領，明白直捷，頗能糾正當時朱學的流弊，故信從者甚多。雖販夫走卒也都有受其敎者。同時或稍前對朱學作改革運動的，尙有陳獻章，湛若水諸人，不過都沒有王守仁的成就大。王氏的學說實在就是佛敎禪宗的變相，其末流之弊也和禪宗一樣，造出許多狂蕩自欺的人來。不過在初起的時候，於洗刷人心的陷溺，喚起偉大的精神，很有裨益。

明代之傳奇

明朝雖然有不少講理學的人，但是一般社會却和唐朝一樣，依然是文采風流。加以當時明太祖封的諸王，席豐履厚，無事可爲，頗多提倡風雅者，因此文學頗爲發達，尤以戲劇爲盛。金元的雜劇在當時已盛極一時，到元末明初這種短篇的雜劇便漸漸進化成一種較長較有組織的形式，號爲傳奇。在音樂方面，也漸漸從粗豪暴厲的北方音樂，進化到纏綿宛轉的南方音樂，於是所謂崑劇者便出現了。明朝的崑劇傳奇作家，非常之多，最大的天才要算作玉茗堂四夢的湯若士。

長篇小說的發達

唐朝的短篇小說，到宋朝反而退化成民間故事的形式，元朝也沒有進步，不過因戲劇之普及，給小說添了許多新材料，新描寫手段。到了明朝便有幾部好的長篇小說出現。最著名的如水滸傳。是明朝中年人所結集的，西游記是吳承恩作的，金瓶梅是王世貞作的，此外如三國演義大約也是明朝人的手筆。

文學批評的發達

明朝的詩詞方面，都沒有什麼大成就，開國時代的高啟，就氣力薄弱，不配稱大家，中葉以後，前後七子，力倡復古，更無精神了。但是詩文乃至小說戲曲的批評方面，卻有很大的成就。詩文批評是起于宋朝，當時有許多詩話文話之類，但無大成就。到了明朝就出了許多大批評家，如王世貞的批評詩文，梁伯龍的批評戲劇，李卓吾的批評思想，金聖嘆的批評小說，都是有很大成就的。

浪漫派之文人行

明朝的一般社會，浪漫的空氣非常發達，尤以文人社會爲最甚。當時的大文豪，如康海，唐寅，祝允明，徐渭，以及末年的錢謙益，侯方域等，幾乎無人不有很浪漫的新奇的生涯可述。這種浪漫活動，大多是以男女的戀愛爲主，因此明朝的傳奇也十有九以男女故事爲材料。不過也有不以男女戀愛爲目的的戀愛運動，如徐霞客之周遊全國，也算是浪漫生活之一種。當時的理學大師王守仁及其門徒，也很有浪漫的傾向。

羅馬舊教之輸入

當元世祖的時代，羅馬教皇已有派遣教士來華傳教的擬議，不過當時因教會本身已趨腐敗，故未得成功。到新教改革以後，舊教徒發憤自強，組織耶穌會，注重教育及慈善事業，並向海外傳道。印度，南非洲，都有他們的足跡。葡萄牙人租了澳門之後，羅馬舊教便逐漸向中國謀發展。到明神宗的時候，意大利人利瑪竇 (Mattes Ricci) 來中國，歷遊南北兩京，所至交結士大夫，凡居中國三十年之久，就替羅馬教在中國樹下一個規模。以後教士紛紛來華，中國的縉紳們信奉極多。甚至明朝最後的偏安君主桂王由榔的母親也都信教，曾有求救于羅馬教皇的表文。

教會對于中國學術界的貢獻

耶穌會派的傳教是以教育及慈善事業作引誘的工具，並且當時所派來的教士多是有學問的，因此給中國學術界以一種新的貢獻。最大的成就是在歷法，歐洲傳來的歷法較之中國舊法及回回的法都有奇驗，因此就得了時人的信任。此外如機械學，如礮術，如地理學，如醫藥學，都有很多的成績。而明末徐光啓之翻譯幾何原本，給中國數學界開一條新路，尤爲很大的成績。

中國人之南洋殖民

自元朝以來，中國人赴南洋謀生的逐漸多了。鄭和使南洋後，征服許多土著的小國，中國人留居者更多。有許多小國都被中國人自立爲王以統治之。但是這時候正是歐人航海熱的時候，最初東來的有葡萄牙人，其後爲西班牙人及荷蘭人，這些人一到南洋，便不免與中國人發生衝突。如同李馬奔之與西班牙人爭奪非利濱羣島，鄭成功之與荷蘭人爭台灣，都是歷史上表表的事實。可惜中國政府不知殖民的重要，不但對于海外的同胞不知保護，凡一概認爲是奸民任外國人去摧殘，因此中國人在海外的殖民地終久失敗。不過雖然如此，究竟中國人民自動的能力强，在南洋羣島以及全世界的華僑，不但土人無法競爭，卽歐人亦百計摧殘終不能加以禁絕的。

第十二章　民族思想之成熟與考證學之興

厭世浪漫　復歸實際

明朝是一個浪漫派鼎盛的時代，文學也浪漫，哲學也浪漫，實際社會的風尚也趨于浪漫。到了末年這種浪漫的弊病便顯出了。一般陽明弟子，日日空談心性，鄙實際爲淺薄，其甚者則貪財好色，不顧小節，引起社會的厭惡。至于文人學士，更是天天徵酒看花，國家的興敗，社會的榮衰，一些也不管，這樣下去，自然久而久之，會起反動。何況當時內政的腐敗，外患的迫切，都使一般學者不能不轉回頭來看看實際呢？

[illegible]

畢竟是陽明的致良知之說有些提醒人

的功效，因此最初的有關實際的運動還是起于陽明學派的枝流。當明神宗末年，信任宵小，不理政事，國事已敗壞不堪，到了熹宗即位，宦官魏忠賢柄政，更是作惡多端。有退職尙書顧憲章，鄒元標等聚徒講學于江蘇無錫的東林書院，批評時政，臧否人物，聲名大起。爲魏忠賢所嫉，凡是與他反對的人，都指爲東林黨徒，加以貶斥或誅戮，但是民間的運動還不少息。到魏忠賢失敗後，東林的勢力更加澎漲，有左右時局的力量。其後有張溥等組織復社，也是網羅一時豪傑，言論影響于時局不少。

實踐哲學的發端

東林復社兩派的長處在敢說敢行，氣節昭然，但是短處則欠條理，不了解實際的眞相，結果徒尚意氣，無補于實際。況到明朝末年，時事已經敗壞到絕頂了，這般書生們是沒有力量挽救這個殘局的。于是在陽明學派中便發生了更進一步的實踐哲學的劉宗周一派，不過他的學說在當時也未成熟，仍難免空談心性忽略現實政治的毛病，因此仍無補于時局。不過就此可以證明陽明哲學派已到末流，本派中也起了改革運動了。

流寇之猖獗與社會的擾亂

明朝中年以後，好皇帝很少，除了明孝宗以外幾乎每朝都是信任許多小人，恣意敗壞政治。所以到世宗以後，社會已經有搖動的現象，盜賊已經紛起。加以倭寇的蹂躪東南沿海諸省，更弄得民窮財盡，幸而穆宗及神宗初年，有一個大政治家張居正出來，將政綱整飭了一下，元氣稍稍恢復，然因此中朝臣及一般苟安派的士大夫之忌，死後竟遭追罪，神宗在位四十多年，昏聵糊塗，萬事廢弛。加以爲朝鮮問題與日本的戰爭，以及後來滿洲興起以後在遼東的戰爭，花費無數金錢，社會基礎就完全動搖。到了熹宗末年便流寇四起，毅宗一代更是個土匪縱橫的時代。結果李自成打破北京，連明朝也亡了。流寇之中如張獻忠竟專以殺人爲事，在湖廣四川等處，屠人無數，眞是一種無理性的時代。

種族之痛

社會上這樣的擾亂現象，已經使有志氣的讀書人不能安枕了，不料因爲流寇之禍跟着又引起了外族的侵入，演成亡國的慘劇。滿洲入關之後，對于漢人百般的壓迫，結果激起了漢人的民族思想。自北京陷落以後，有許多懷抱種族思想的學者，奉了明室諸王，在東南和西南半壁，對于滿洲人作最後的掙扎，一直還此起彼仆支持了十七八年。這都是民族思想復活之賜。

學者的覺悟

明朝的國家結果弄到這種地步，給一般學者以一種大的刺激，大家才感覺到以前的學問實在太空虛了，因此大家都不知不覺轉移到實際運動去。表現這種精神最顯者的莫如顧絳，他自從明亡以後，就出門周遊全國，所到的地方交結奇異之士。他很會理財，到一個地方住上一年半載，就置下許多產業，但是他把產業置好後，交給別人，就立刻又他去了。他走路的時候都用馬馱了許多書，每到一險要關塞的地方，就將書攤開，找當地的熟悉地形和兵事的人來共同討論。這種精神，眞是覺悟後的學者的精神。

實踐學派的興起

明亡以後，一般學者最初多有做政治運動圖謀反抗滿洲，恢復明室的，但是這企圖結果都歸失敗，于是又紛紛都歸到講學這條路上去。這時候講學的風氣，便是都力矯從前王學末流虛浮無實之弊，而趨重于實際方面。譬如王學本是尙空談的，到劉宗周出來便主張實際，宗周的弟子黃宗義，更脫去王學的門戶，專私史學，開浙東一派。他的明夷待訪錄鼓吹民主思想，比盧梭還早幾十年。此外顧絳，李顒等雖學風不同，而主張實際則一。主張實際最澈底的要算顏元，李塨一派，可惜他們的學風太刻苦，不容易普及，所以不再傳而絕。

民族思想與下層社會的宗教之關係

學者們和明朝遺老們的恢復計劃，屢起屢仆，直到清聖祖卽位以後，內治修明，國內實行統一，這種運動一時不易成功，于是有些志士們便注意到下層工作，準備將民衆組織起來，以爲將來恢復的預備。有許多祕密宗敎會黨都是此時代所創立的。在中國一般民衆中，這種組織的力量很大，後來清朝之亡與此也有關係。

清聖祖的內治

滿清初入關之時，政治很混亂，又極端對漢人取壓迫手段，因此他在中國本部的地位並不十分穩固。幸而清聖祖出來，用他的適當的政治手腕，將這個難關渡過。他是一個博學多才而又實心做事的人，很了解民衆和當時一班智識階級的意思。因此對於民衆極力的減輕租稅，澄清吏治，使人民生活得以安定。對於學者則開博學宏詞科，編輯各種巨部叢書，獎勵學術和文化事業。他在位的六十年，除了開頭二十年中尙有後三藩之亂及對外的戰事等，以後眞是個太平郅治的時代。

外蒙古之收服

蒙古人自元朝亡後，仍然退回蒙古故地，當明朝一代分爲韃靼及衞拉特兩部，屢次侵犯明疆，但都未成功。到明末分爲四部，在外蒙古的叫做喀爾喀蒙古，在內蒙古的叫做漠南蒙古，在東蒙古的叫做科爾沁蒙古，在新疆天山北路及青海的叫做厄魯特蒙古。科爾沁蒙古在滿洲初興之時已經附和了滿人。漠南蒙古在明末有插漢部（卽今察哈爾特區）很强，其首領林丹汗與清太宗爭衡，後爲清兵所破，內蒙古就也歸了清朝。惟喀爾喀和厄魯特尙在獨立。到清聖祖時，厄魯特蒙古中有準噶爾部突興，他的首領噶爾丹征服了天山南北路和青海西藏，且進圖喀爾喀，並窺伺中國的邊界。清聖祖親自出征將準噶爾打敗，喀爾喀遂降服于清。內外蒙古從此歸入中國領土了。

新疆青海的開拓

厄魯特蒙古在清初分爲四部，準噶爾部佔領天山北路最爲强大，和碩特部在青海也很强。此外天山南路則爲由中亞喀什噶爾國傳來的回教徒占據，號稱回部。準噶爾部敗後尙據有天山北路，傳了三世，到高宗時因內亂被清兵所滅，又乘機滅了回部。青海則于世宗時已征服。從此西北也加入中國版圖了。

西藏的喇嘛教

喇嘛教自元朝以後，得了中國政府的贊助，便有統治西藏的威權了。到明成祖時，有宗喀巴者起而改革舊教，自立一派，號黃衣喇嘛，以別於舊有之紅衣喇嘛。宗喀巴有兩個大弟子，後來分主前後藏，一號達賴，一號班禪。代代以輪迴化身之說接替。後來外蒙古也迎了一個宗喀巴的弟子去，號稱活佛。喇嘛教的勢力可稱極盛。西藏一向是獨立國，到清高宗時才收歸中國版圖，派駐藏大臣以統治之，但是實際上仍然尊達賴喇嘛爲政治首領。

中俄之勢力

，當十七世紀，滿洲人興起的時候，俄國也從歐洲伸展勢力到亞洲，吞滅了中央亞細亞諸蒙古民族和回教人所建的小國，又佔據了西伯利亞，東南下窺黑龍江，遂與清政府發生了衝突。一六八九年兩國定尼布楚條約，才劃定東北的邊界。一七二七年更定恰克圖條約，將蒙古與西伯利亞的邊界劃清。從此中俄互通貿易，且俄國有留學生到北京留學。

清初的歐洲人

明朝末年歐洲人在華傳教通商的事業已經很盛了，清聖祖是個博學兼通的英主，對於西洋的學問頗加歡迎，除了歷法以外，如同全國的測繪地圖，也是此時在華歐人的成績。到世宗時代才取閉關主義，將歐人盡驅出境。以後一直到鴉片戰爭才開放。

（三）日本與中國

日本自隋唐間吸收中國文化，造成大化的

維新。唐朝亡後，中日交通斷絕。以後日本的政權歸入武人之手，內亂不絕。元初蒙古人曾興師東征，因爲不習水戰，結果敗沒。明朝中葉雖有倭寇侵略中國，但與日本政府無關。到明神宗時代，豐臣秀吉統一了日本，國勢才漸強起來了。豐臣氏屢次出兵與明朝爭朝鮮，聲勢很大。秀吉死後，德川家康代興。恰好這時明朝也亡了，遺民朱舜水避到日本，極受德川氏的崇拜。他將陽明學派傳到日本，鼓吹尊王思想，後來日本維新很受他的影響。德川氏採閉關政策，修明內治，以後二百多年，國內太平，文化很盛，學者也輩出。

攷據學之勃興

明末清初，厭空談求實際的學風既然流行，當時的學者就不期然而然地走了以下的幾條路。最初學者都是投身到實際政治運動，到政治運動失敗後，有的從事下層社會的秘密組織，有的遁跡空門，有的遠避海外，有的高隱家中，不問世事，這是一條路。內中如顏元，李塨一派，主張留心實際學問，從躬體力行做起，又是一條路，這兩條路都沒有什麼成績，結果遂開出考據學一條新路。考據學的始祖是顧絳，他著有日知錄及音學五書等書，頗極精博。但他著書的意思本來是爲的考究古代政治和社會制度的組織，以備將來政治的設施，並不是純粹做考據的工夫。但到了他死以後，清朝的局面已經大定，漢人無法恢復，也就少有人想去做政治的運動了。於是爲學問而學問的考據學才出現。有清三百年來的正統學問才成立。

顧絳以後，有兩個最著名的考據學家，一個是閻若璩，他著有古文尚書考證一書，證明古文尚書之僞。一個是胡渭著禹貢錐指一書，證明禹貢之謬誤，這兩部書對于當時傳統的宋朱熹之學頗有打擊。到了高宗時代，考據學越發盛行了，就中有兩大派，一吳派，以惠棟爲領袖，一皖派，以戴震爲領袖。當時考據之風已經徧滿學界，因爲他們排斥宋明儒者的空談，而尊重漢儒以爲近古，因此普通叫他們做漢學。最奇怪的是漢學已經成爲學術界公認的權威，而當時朝廷科舉考試仍一以朱註爲主，絲毫不曾改變。

攷據學之鼎盛

史學的成績

清朝史學以浙東一派最盛，最初黃宗羲自政治運動失敗後卽專門研究史學，他著的明儒學案是一部創作的學術史。他的弟子萬斯同對于明史極有研究，現在的明史就是根據他的指導編成的。再後有全祖望，以研究明末史料著名。又後有章實齋著文史通義，校讎通義等書，對于史學批評，確有見解。此外非浙東人的如大名崔述的考信錄，將上古的偽史一一加以考證，也算奇書。

數學的成績

自歐人來華以後，中國的數學界很受了些影響。徐光啟譯幾何原本，開闢了幾何學一條新路。到清聖祖時代，因為聖祖自身很喜歡數學，對此頗有研究，編輯了數理精蘊一書，給此後數學界開了無限法門。以後的第一個數學大師要算梅文鼎。此外清朝的數學界很多，詳見阮元所著的疇人傳。

清初的文字

清朝的文學也很有些人物，詩人在清初則有吳偉業，王士禎，到高宗時代有袁枚，蔣士銓，趙翼號三大家。但吳詩靡曼，王詩脆弱，袁蔣趙三家更是臭俗不堪，舊詩到此已至末流了。詞則尚有好手，最好的要算納蘭容若的飲水詞，他是一個滿洲人，却是漢化很深。戲曲則有李漁和蔣士銓等，但也都沒氣魄，只有孔尚任的桃花扇是一部傑作，洪昇的長生殿雖然也很得人稱讚，但已經有堆垜典故的毛病了。小說中以曹雪芹的紅樓夢爲中國第一部好小說，此外如吳敬梓的儒林外史，李汝珍的鏡花緣，就都是第二流了。此外做散文的有安徽桐城的方苞，劉大櫆，姚鼐等自成一派號桐城派，末流又分出陽湖一派。這些古文家在學術上大都是提倡宋學，但並不能勝過當時的漢學。清朝的駢文也很流行，但大都摹古，並無特創。

清代的書畫

清代各畫家也很多，以王翬最著名，號石谷道人。他的山水畫在清朝一代勢力極大。與他同時的惲格，則以畫花鳥著名。平心而論，清代的畫家實在沒有什麼超勝前代的天才。書法在清朝也很流行，最大的名手要算仁宗朝的鄧石如，他的字集衆家之長而又能開創新派，氣象最爲偉大。

清代的平劇

清代的音樂沒有什麼大成就，但崑劇却非常發達。當時的王公大臣，乃至平民中之稍有錢者，都喜歡提倡崑劇，家裏養着戲班子，造出許多戲劇人才，比明朝還要盛行。

極盛時代的社會風俗

清朝自聖祖起經過世宗而至高宗，祖孫三代傳世一百三十多年，是清朝極盛的時代。清聖祖時代政治修明，人民生計經過六十年的休養，已經非常充裕。再加以世宗在位十三年的勵精圖治，所以到高宗時代，社會景象非常之富麗，高宗是個豪侈成性的人，他六下江南，靡費無數。當時江蘇揚州爲鹽商薈萃之地，產生許多大富豪，他們的窮侈極欲比皇帝還過幾分。高宗又努力於對外的武功，結果軍費也花得不少。末年寵信了一個權相和坤，招權納賄，天下元氣更被剝削得乾乾淨淨。加以自世宗以來勵行壓迫思想的手段，屢興文字之獄。結果將士人都弄成闒茸卑汚一流。因此高宗末年，湖南的苗亂剛平，川楚的白蓮教匪就起來，到了仁宗以後，內憂外患，交逼而來，就不是以前那種升平時候了。

第十三章　海通以後的文化轉變期

嘉道以後的內憂外患

清朝的國勢到高宗爲極盛，但國事之敗壞也全伏於這個時代。所以到仁宗卽位，高宗尚未死，亂事便以發作了。仁宗朝則有川楚的白蓮教匪之亂，有閩粵等海寇之亂，有北方的天理教之亂，宣宗朝初則有回部之亂，最後則有洪楊等太平天國之亂。所有這些內亂都由于政治腐敗，官吏剝削而成。幸而仁宗和宣宗都還是個謹愼節儉的君主，所以尚可保得幾分元氣。但是在這個內憂徧地的時候，不幸却又遇到了外交上空前的大變局，自鴉片戰爭以後，一敗再敗，無法抵禦，則不能不令當時的人手忙脚亂呢！

五口通商

鴉片戰爭的結果便是締結南京條約，開放上海等五個口岸讓外國人來通商。這個事件影響極大。第一從此外人在華有了正式的貿易根據地，並得了傳教的自由，從此經濟侵略與文化侵略並進，中國就無以抵抗。第二通商口岸開後，所有歐洲的新思想新文化都從此地輸入，爲以後中國文化轉變之策源地。且以後許多作政治改革運動的人也都以上海租界作逋逃藪，影響于政治也很大。第三從此中國交通及商業的中心，移于海上，而陸地便漸漸減色了。

太平軍的革命運動

在這清朝內憂外患相逼而來的時候，突然起來一種新的改革運動，雖然結果終于失敗，但終是歷史上一件可紀載的事，這便是太平天國軍的革命運動。太平軍起自廣西，本不過是些土寇鼠竊之類，但因其中有一部分人受了明末遺老的影響，懷抱民族思想，想推倒滿洲人的統治，又一部份人則受基督教和西洋人的影響，對于中國社會舊習想有所改革。因此自打到長江流域，定都南京以後，就有許多特殊的政策制定出來。如尊奉上帝，易服色，蓄髮，改歷之類。太平天國之所以失敗也在于此。因爲他們想拿政治革命，社會革命，種族革命，和思想革命，混在一起來做，而自身又無充分的學識，一致的計畫，犧牲團結的精神去維持他，當然非失敗不可了。

湘軍的成功

打倒太平軍的並不是滿清政府，而是曾國

藩，胡林翼一班湖南的書生，這是人所共知的。他們所以戰勝太平軍的原因，固然由于他們個人的學問人格較好的緣故，其實最大的原因還在他們的主張較合于當時國民的心理。他們並不是絕對維持舊習慣的，但他們是漸進的革新派，而不是激進的革新派，湘軍之戰勝太平軍，便是當時的漸進派思想戰勝了激進派思想。

宋學的復興

過重考據的漢學，到了乾嘉以後便露出許多的缺點，他們只曉得從字句上爭論些瑣細的問題，而不曉得政治和社會上有許多大問題還待解決。而且因爲他們反對宋儒義理之學的緣故，結果有些人連人格氣節都不講，做出許多卑汚苟且的事來。因此漢學在社會上漸漸失了原來的地位。到湘軍曾羅一派人出來，打着宋學的旗子，以人格氣節相號召，結果做出許多驚天動地的大事業來，因此宋學在太平天國亂後，便陡然有復興的樣子。不過時代已經不是從前的時代，不但支離破碎的漢學不能救了這個時代，而且也非空疏迂腐的宋學所能救得了的了。因此曾國藩中興宋學的事業也只撑持得一時，結果只剩下幾個桐城派的古文家去肩那具老招牌，於世道人心是一無所補的了。

今文派漢學之改革運動

在這時候，漢學自身也起了一番改革運動，這便是今文家的新漢學了。今文家最初不滿意于古文家之崇拜東漢，因此就拿出西漢的更老招牌來打到他。但實際上却漸漸作了革新運動的臂助。他們將孔子的學說內容擴大，附會了許多神奇怪誕的胡說，却也加入了許多新奇有理的思想。就學問的見地看，今文家的主觀見解太深，還不如古文家較爲平實。但就革新運動看，却很有大影響。今文家自龔自珍，魏源以來，卽以經世致用爲目的。後來國事日非，他們的目標也越趨于實際。直到康有爲出來，集了今文家漢學的大成，却也爲革新運動做了一番大事業，這是今文家的成績。

留學政策之起

無論漢學，宋學，今文，古文，都救不了當時的國家險狀，這種情形自太平亂後，有識者便漸漸明白了。所以曾國藩在亂平之後，便採用了容閎的建義，派遣第一批的留學生到歐美留學，也設製造局于上海，聘請專家譯出許多西文書籍來，影響於當時的思想實很大。

富國強兵的思想

當時中國人初與西方人接觸，對於西方文明尚未能認識眞相，一般祇以爲西洋人之强是由槍精礮利，不但思想和政法的精義未曾夢見，卽對於發展物質文明之機械工業也未能認識。當時祇有一個薛福成曾提倡機器之學，但不爲社會所注意。一般腐儒和細民還在高唱排外制夷的思想哩。

敎案與排外運動

因爲幾次與西洋人接觸而失敗的結果，引起了人民的排外的敵愾心，當時西人與中國人接觸機會最多的要算傳敎士，基督敎有許多習慣如不拜祖先之類本與中國舊習不同，因此更容易引起誤會。於是社會上平空流行許多謠言，如謂西洋人宰殺小兒以配藥之類，無知的人民一聽此說，就容易引起暴動，所以清穆宗，德宗兩朝敎案迭出，都由於這種緣故。不過敎案的結果總是中國人吃虧，其甚者如膠州灣及廣州灣之租借，也是因爲殺傷了德法敎士的緣故。

清流黨之勢力

當清朝末年，不但普通人民之中有一種不知利害盲目排外的潮流，即所謂士大夫社會之中，也一樣的有這種大言欺世的現象，這般人在當時號爲淸流黨人，他們根本不懂外交，却又常常要干預外交，對於當時辦理外交較有經驗的李鴻章等，常常盲目的加以攻擊。結果誤國之罪，不在貪官汚吏之下。

中日戰後國民之覺醒

這種舉國上下自大排外的心理，促成了中日戰爭的爆發，中日戰後，各國乘機要求租借口岸，劃分勢力範圍，中國危亡，就在旦夕，於是有一部份明白大勢的人才漸漸覺醒。看了日本區區島國，竟能發憤自强，都是因爲學習了歐美法制的緣故。變法維新的運動就漸漸興起了。

戊戌變法之失敗

這時候有康有爲，梁啟超一派，在上海辦時務報，在長沙辦時務學堂，極力鼓吹維新思想，他們都是講今文學的人，所以也很得舊學家的信仰。於是有新科舉人們的公車上書運動。後來在北京又組織保國會，各省也都組織起同樣的團體，維新運動一天一天聲勢大起來。結果德宗也如此潮流所鼓動，就起用了康梁一派的人，力行變法，廢科舉，改學校，澄清吏治，整飭軍備。不幸改革過急，觸了守舊派的忌，就擁出德宗的母親慈禧太后來，將新黨或捕殺，或囚禁。康梁逃至國外，德宗也遭禁錮，維新事業就此失敗了。

戊戌之失敗與維新之再起

但是時勢所迫，維新的思想已經深入有志青年的腦中，萬不能用威力撲滅盡的。當戊戌變法失敗之後，太后和朝臣因恨維新黨人的緣故，就遷怒到外國人身上，遂煽動起民間排外的心理，組織一種含有迷信性質的秘密結社，名叫義和團，在山東，直隸，山西一帶，到處焚燒教堂，殺掠教民，最後奉旨去圍攻北京使館，引起外人的聯合干涉。八國聯軍打破了北京，清朝帝后逃至西安，締結了最辱國喪權的辛丑和約，排外運動，到此才告一段落。到帝后回京以後，也就不得不順從正當的民意，下詔變法維新，再走戊戌的舊路了。

辛丑以後政府的維新運動

自此以後，變法維新已成公認的潮流，無人敢反對了。清政府的維新政策最有效果的要算停科舉，辦學校一事，此外如放足，禁烟，等事也切實進行，最後應人民之要求，派五大臣出洋考察憲政，下預備立憲之詔。又張之洞在湖北首創練新軍，開辦工廠，袁世凱在直隸也練了北洋新軍，這些都是當時政府的變法成績。

留學日本的潮流

不過當時維新的主動力還在民間，因爲政府的變法是敷衍門面的，不澈底的，所以有志之士都想起來自己求得新智識，因此留學的風氣便大興起來。當時日本因爲同文同種的關係，地方又比較近，生活又比較賤，加以國體相同，國情也相似，因此多數的青年就都往日本去留學。極盛的時代，東京有數萬中國留學生，這數萬留學生一聚到東京，就替中國造出許多驚天動地的風雲來。

立憲派之運動

這時候政治的運動也分了派別了，康梁自變法失敗以後，康有爲就去漫遊歐美，聯絡華僑，梁啟超則往到日本橫濱，創辦新民叢報，起初尚主張革命之說，後來康的思想愈趨於保守，加以東京激烈派漸漸得勢起來，因此梁的議論也漸趨于穩健。他們一派主張保皇立憲，在各處組織保皇會，與國內立憲派相呼應，而與當時主張革命排滿的一派相反對。論爭很烈，

同盟會的排滿革命

排滿思想，本來起源很久，到後來

便成爲具體的革命運動。最初有孫文者在檀香山組織興中會，與陸皓東等圖謀在廣州起事，失敗後陸死孫逃，遂到處宣傳革命思想，又有黃興等一派湖南人，在湖南聯絡會黨，組織華興會。章炳麟一派的江浙文人也組織光復會。這三派先後受壓迫都跑到日本，遂聯合起來，組織同盟會，聲勢驟然浩大起來。他們辦了一種民報，專門與梁啟超的新民叢報宣戰。立憲派終久失敗，而革命思想漸漸傳佈起來。

民族思想之復活

革命派人所用的最有力的宣傳工具是什麽呢？就是基於滿漢不平界限之民族心理。因此他們極力鼓吹明末遺老的民族思想，明末思想研究之工具忽然復活起來。到處假借研究國學之名來傳佈民族思想，加以實際運動之前仆後起，影響于人民之傾向革命心理不少。

在國外這種革命立憲兩派人努力奮鬪的時候，國內的一部分人也在那裏努力的做他們的平和

翻譯事業之發達

工作，這便是翻譯和出版的事業了。如這種事業中最著名的有兩個人，一個是嚴復，他翻譯天演論等英國進化論派的名著，博得了無上的好譽。一個是林紓，他翻譯了許多的歐美小說，給中國人了解西洋人的生活眞相。對于思想改革都很有功績，此外有些日本留學生也從日文中譯出許多政治之書。又在各省發行許多日報雜誌，對於文化介紹也很有幫助。

清朝終於亡了

國內的立憲派尚想作最後的努力，當德宗和慈禧太后都去世以後，立起一個三歲的小皇帝宣統來

，他父親醇親王攝政，立憲派以爲改革的機會到了，就起來以各省諮議局作基礎，派遣代表聯合請願，縮短預備立憲年齡，提早開國會。不料當時清廷親貴昏聵糊塗，不知容納民衆潮流，竟致拒絕，於是民心失望，雖立憲派也知非革命不可了。此時清朝練的新軍已經很多，這新軍將領多半是用日本的留學生，而日本留學生又是多數懷抱革命思想的，因此乘着四川爲國有鐵路請願風潮的機會，霹靂一聲，武昌起義，各省響應，不到百日，清朝就終于亡了。這就是文化運動與思想革命的眞力量的表現。

第十四章　民國十七年來的中國文化運動鳥瞰

政治紊亂時代

辛亥革命成功，民國政府成立，大家的

眼光心思都注重在政治問題上去了，一時論憲法，論政制，很有許多好著作。大家都希望民主政治能彀眞正建設成功，這是一個政治熱絕頂的時代。不幸時局現象一天不如一天所期，因此從絕頂的政治熱漸漸冷淡下去，造成了民國三四年的黑暗時代。

革命中對於社會之改革

辛亥的革命雖是單純的政治革命，然對於社會習慣也有所改革。如剪辮，如廢止太陰曆改用太陽曆，如廢除不平等階級等，都是顯著的事實。此外如禁烟，放足，廢止婢妾等，也曾注意過，但實際上未去積極進行罷了。

黑暗復古時代

民國三年袁世凱解散國會，改造臨時約

法之後，大權獨攬，極力壓迫反對黨，造成了政治上的黑暗時代。同時思想上也到了復古的時期。袁氏起用一班老朽分子，定出許多仿古的禮儀來，頒布全國。這種復古運動的極端，便造成袁氏之帝制運動。

社會運動與政治運動兩派之辯難

這時候有智識的人都感覺到不能安於現狀，想別求一條出路，為這個問題，便生了兩種意見，梁啟超一派主張政治無望，應該從改良社會根本做起，他在大中華雜誌上發揮這個意見很多。他的意見很得一班人的贊同，當時江蘇省教育會一派人在江蘇進行的改良教育運動，便是實行他的主張的。但是章士釗在東京辦甲寅雜誌，便反對他的主張，仍主張先解決政治問題。孫文在東京組織中華革命黨，也算是與這種態度一致。後來陳獨秀等辦新青年雜誌，原是屬于章氏一派，竟不知不覺走到梁氏的路上，在文化運動上建設了許多的功績。

新青年與新文化運動

民國六年，袁氏帝制運動既然失敗，國會恢復，政治仍然鬧得一團糟，於是人民越發厭倦政治，而專注意到思想精神的根本問題上。那時甲寅已經停刊，章士釗的朋友陳獨秀就出來組織新青年雜誌，鼓吹青年思想的復活。初時尚無大影響。

胡適與白話文運動

直到胡適出來主張白話文運動，才有了大影響。原來桐城派古文到清末已經爲人厭倦了，有些學者如王闓運，嚴復，章炳麟之流，極力做些周秦以上的古文，雖然很像，但不能通俗。那時梁啟超在日本辦報，乃極力解放文體，攙用白話及日本名辭，一時極有魔力。到民國以後，章士釗一派的矜鍊論理文頗流行于學者社會，但也不能通俗。於是胡適出來主張一概改用白話，反對文言。錢玄同更罵文言爲桐城謬種，選學妖孽。他們的主張一時很引起古文家如林紓等的反對。但白話終久戰勝了。

白話詩的成立

胡適不但主張白話文，連作詩也主張用白話，並且打破舊日的格律。原來詩自宋變爲詞，元變爲散曲以後，已逐漸近於白話及語體的自然了。明清以來的山歌村調更是天籟。胡氏的主張也不過順這個趨勢而已。胡氏自著有嘗試集，是白話詩——當時又叫新詩——的第一部創作，但尙未成功。到康白情，兪平伯等出來，新詩就漸漸成熟了。

反孔運動

但是新青年的最大功效還不在鼓吹新文學，而在反對孔家學說。陳獨秀在這一方面做的工作頗多，他將孔子的學說傾向專制不合于現代潮流之弊指出，一面主張用民主思想去代替他，對于當時思想界的影響也很大。

注音字母之頒布

當時更有一個利器幫助白話文的進行的，便是注音字母的造成。原來中國文字不適於記誦應用，已經是很顯著的事實，所以清朝末年就有好幾種簡字運動出現，不過都未成功。到民國以後，遂由教育部設立讀音統一研究會，製定三十九個注音字母，對于不識字的人很有幫助。後來又規定小學校國文改用語體，這個改革雖然是很和平的，但是影響比一度政治革命還大。

五四運動

新青年的主張，已經很得國人的注意了，恰好到民國八年五月四日又起來一次學生運動，這次運動是爲爭巴黎和會中對于山東問題的袒護日本事件而起。當時北京各校學生聯合起來將親日派外交家曹汝霖的住宅搗毀，跟着全城就罷課，跟着全國響應，學生罷課，商人罷市，到六月三日又有教職員請願被毆的事發生。這兩次運動影響極大，在外交上則巴黎和會中國代表因此拒絕簽字，後來終久于華盛頓會議將山東權利收回。在思想上則五四運動以後，全國青年精神奮發，一年之內出版幾百種的刊物，新文化運動經此一番刺激，就普遍全國了。

繙譯的潮流

五四以後，全國青年渴望著思想上的救濟，求知慾一時極高，因此翻譯的潮流就極盛起來。張東蓀翻譯的法國哲學家柏格蓀的創化論，出版之後，立卽銷完，可見青年求知慾之盛。以後各書店也投機大出版新文化的書籍。以共學社叢書爲最多。但選擇不精，翻譯也了草，因此漸失人的信仰。

整理國故的潮流

因爲當時新文化運動的健將如胡適，梁啟超等，都是長于國故的，因此後來整理國故之風很盛，清朝的考據學又有人注意起來。胡氏的水滸傳考證，紅樓夢考證等，很博得人的贊許。此風後來變爲疑古和攻擊古代思想的一派，于思想運動也很有大影響。

科學與反科學之爭

新青年極盛時代，曾標舉科學與民治兩大主張，不幸後來都沒有貫澈。新文化運動中偏重文學，對科學似注意較少。到梁啟超遊歷歐洲歸來，發爲科學文明破產的議論。又有人請著名反對科學的印度詩人泰哥爾來中國。北大講師梁漱溟著東西文化及其哲學，又極力鼓吹東方思想，因此反科學的潮流很盛。但同時擁護科學的仍然很多，最後丁文江與張君勱起了科學與玄學的筆戰，這個問題一時頗引人注意。但其實中國應該提倡科學和物質文明，雖在反科學的人也無法反對，因此這個問題，並不是什麼切要爭論的問題。

社會主義的運動

中國的社會主義運動自民國初年即略有根芽，民國元年江亢虎組織社會黨，後爲袁政府解散。民國五六年間有劉師復一派提倡無政府主義，但也未能大興。五四運動以後適值歐戰告終，歐美一部分學者方倡世界大同之說，又加以蘇俄革命成功，因此社會主義的研究就盛行起來。以基爾特社會主義，無政府主義，及布爾什維克主義三派最盛。後來布派因有蘇俄政府為後援，漸漸擴大勢力，於一九二一年組成中國共產黨，從事工人運動，遂漸為社會所注意。

民治主義的潮流

中國近二十年來留美學生極多，故政治思想無形受美國之感化，多數趨向民治主義。歐戰以後威爾遜之主張流行，故中國的民治運動潮流更盛。新青年以擁護德謨克拉西（民治主義）為標幟，五四以後又請美國哲學家杜威來華講演民治主義的教育，故民國八九年間政治及教育上民治主義之色彩皆極濃厚。不過民治主義者多偏重于漸進改良，不能迎合青年急進的心理，因此漸漸失勢。

政黨運動的復活

民國初成立，國民競模倣歐美政治，故一時政黨極多，其後國會解散，政黨也就匿跡。民六國會恢復後，一時曾有不黨之說，但實際上仍然小黨林立，比從前更多。不過這些政黨都是以議員結合的，並無民衆的後援，故國會二次解散後，政黨就又瓦解了。到民國十二年前後，政治腐敗更到極點，人心遂又注意于政治。舊日的國民黨曾一度由孫文領袖，改組爲中華革命黨，恢復祕密結社的形式，至是又恢復國民黨的名義，並于十三年改組，容納共產黨進去，改良組織，從事民衆運動。又有國家主義青年團也于民國十二年在巴黎成立，以國家主義為號召。從此三民主義，共產主義，國家主義，成為國內政治運動的三大潮流。

農工運動

共產黨以工人專政為目的，故自始即號召工人與資本家衝突，號召罷工運動。到加入國民黨以後，[redacted]，以廣東為地盤，遂又進行農民運動，在各地組織農民協會，編練農民自衛軍，[redacted]。孫文死後，國民黨中反共一派遂脫離廣州政府，另組一派，世稱為西山會議派。但共產黨勢力仍大，到十六年寧漢清黨以後，共產黨已與國民黨分離，然猶在廣東海陸豐等縣組織蘇維埃政府[redacted]

人民自衛的組織

因為軍閥官僚的剝削人民，和共產黨

利[redacted]，因此激起人民的自衛運動。四川湖南等處民團組織，甚爲完備，廣東也有民團及商團，但[redacted]，勢力較弱。河南山東一帶則有紅鎗會，直隸有天門會，皖北有大刀會，陝西有硬肚會，這些都是迷信式的民衆組織。最初原本全是爲自衛而設，其後勢力擴大，份子難免複雜，就有類似土匪的行逕，但大體上仍是正當的運動。

國家觀念之發達

中國向來是大一統之國，故人民多懷世界大同之思想，國家觀念素不發達。及鴉片戰爭以後，外患日深，才激起人民國家的觀念。一時政治教育都向此方面走。及歐洲以後，震於世界和平之潮流，於是大同思想又復活。及社會主義盛行以後，國際主義的思想也更流行起來。不過最近幾年來，屢受外患的刺激，始有民國十四年的五卅英人在上海慘殺中國人的案子，繼又有民國十七年的五月三日日本人在濟南屠殺中國人的案子，兩次大刺激，遂促成中國人的覺悟，又回到國家本位的路上去。十年五月南京召集全國教育會議，通過軍事教育等重要議案，可見一時的趨向了。

第十五章　今後中國文化上之諸問題

研究文化史的目的

我們研究一切歷史，目的不僅在記憶史事而已，最大的希望在鑒往以知來，從過去歷史的痕迹上，歸納出一條現在及以後應遵循的軌道，我們現在研究中國文化史，自然也就是本這個目的，因此對于今後中國文化上的諸問題就不能不加以研究，以爲讀完已往中國文化演進情形後的一種參考。

政治理想的問題

第一個劈頭應該提出來的問題，便是今後中國政治理想的問題。原來二千年來中國人習慣於君主專制政治，若以率由舊章而言，似乎君主專制較好，但事實上世變所趨，君主專制已不能成立，卽君主立憲之主張也已成過去，自中華民國出現後，大家已公認民主政治爲最圓滿之理想。但最近數年中又有人認民主政治爲資產階級之政治，主張以無產階級專政代替之者。究竟兩種政治理想，孰好孰壞，是一個待決的問題。

集權乎分權乎

集權分權爲政治上向來對抗之一種爭論，但判斷此說須以其國情爲標準。中國地大民衆，政權向來分散，地方政府之權力恆超過於中央，此爲研究文化史者所已知。今後政治設施是否循此軌道，付與地方以大權，使聯省以建國，抑力反此軌道，謀鞏固中央政府權力，以武力謀統一。這也是一個待決的問題。

生產與分配

中國今日應先注重開發生產抑先注重平均分配，也爲一待決的問題。因若注重生產則勢不能不獎勵資本家，結果易釀起階級之不平均，若先注重分配問題，則中國尚無財產，以何物爲分配。再資本極端分散之結果是否能抵抗外國資本集中之侵略，也是一問題。

國有與民有

於是有爲調劑之說者，主張以國家資本代替私人資本，將大工業俱收歸國有，如此對外既易競爭，對內又可免分配不均之禍，此法固然較好，但在數千年官僚政治下之中國人民，是否能實行國有而毫無弊端，也是一問題。反之資本不集于國家而仍分散于民間，則非爲私人所吸收，卽因極端平均分配之結果，資本過于分散，不能對外競爭。

農國與工國

二十世紀世界各國俱已進于工業制度之國家，中國也應向此方面進行，本無問題，但因近來有人以爲中國是農業國，應該極力維持這種美德，免爲工業制度所惡化，究竟此說是否，也是一問題。

中國民族的問題

民族爲文化主要之原素，民族若衰老，文化卽有日趨頹敗之現象。中國民族在今日是否已經衰老，也是急待解決的問題。因爲假使已經衰老，則將用何法補救，抑竟無法補救？如尚未衰老，則今日衰亂之原因安在，也不可不求得之而加以施治。

蒙藏將脫離中國乎

蒙古及西藏在歷史上脫離中國而獨立時爲多，但因此中國所受政治經濟文化上之損失實不可數計。今日是否仍蹈此覆轍仍許蒙藏獨立，抑設法將蒙藏混合于中國領土之內。如採後策，則如何使蒙藏人心服，不違背民族自決之原則而貽將來之患，若不採後策，則蒙藏分離之後，如何能保其不爲英俄之傀儡以加害于中國。

腐化如何清理

爲中國民族進取之大患者非他，即數千年專制政體下養成之官僚腐化習慣耳。此種習慣表面上似無大力，實在消極的腐化政治及社會之力極大，如何澄清這種微菌，也爲一重大問題。

社會組織之變更

中國數千年來社會組織之基礎建設於家族制度之上，故一切倫理教條都以此爲根據；今日是否將此舊制度根本打破，是爲一問題。打破之後將代以何種新制度？將爲資本主義下之個人本位的制度，抑爲社會主義及國家主義下之團體本位的制度，也是一切要的問題。

舊文化之處置

中國有五千年之舊文化，此舊文化在今日應如何處置，也是一重大的問題。全部保存固已不可能，但是否局部的加以改良，抑或全部的加以毀棄？事實上能否全部毀棄固猶是問題。假如不能全部加以毀棄，則將如何留其優點而去其劣點，以免再發酵於未來新社會。

接受西洋文化之問題

今人動言應以西洋文化代替中國舊文化，此語在大體上固無問題，但所謂西洋文化者究竟何指？將指過去之希臘，羅馬，希伯來之舊西洋文化乎，抑指現行之資本主義下之西洋文化乎？抑指尚在虛無縹緲間之社會主義或共產主義之西方文化乎？這也是目前不能不解決的問題。

中國國民的責任

以上諸種問題，負根本解決之責者卽在我們中國國民，尤其是中國的青年，因青年就是未來新中國的主人故。在此時起，我們不可不將此問題擱在腦中想一想，而努力求解決之法。

中國未來之大希望

中國現今難題雖有許多，但一方面

講起來，倘若能將這些難題一一加以適當之解決，則未來之希望也非常之大。因中國人口佔世界四分之一，土地佔世界十六分之一，歷史有五千年之久，而又物產富裕，天賦殊厚也。以此憑藉，倘加以努力，前途之希望眞是無窮哩。

民國十七年十一月印刷
民國十七年十一月發行

中國文化小史（全一冊）

△
定價銀六角
（外埠酌加郵匯費）

著者　常乃悳
發行者　中華書局
印刷者　中華書局
印刷所　上海靜安寺路二七七號　中華書局
總發行所　上海棋盤街　中華書局
分發行所　北平　天津　張家口　[illegible]　保定　濟南　青島　太原　開封　西安　蘭州　成都　重慶　長沙　常德　衡州　漢口　沙市　南昌　九江　安慶　蕪湖　南京　徐州　杭州　蘭谿　福州　廈門　汕頭　廣州　梧州　桂林　雲南　貴陽　奉天　吉林　長春　新加坡　中華書局

（五一五四）